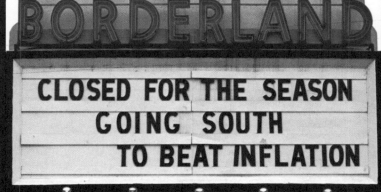

BETWEEN FRIENDS/ENTRE AMIS

Produced by the National Film Board of Canada, Still Photography Division, Ottawa, Canada, 1976

BETWEEN FRIENDS/ENTRE AMIS

PRESENTATION EDITION/ÉDITION SOUVENIR

Production de l'Office national du film du Canada, Service de la photographie, Ottawa, Canada, 1976

BETWEEN FRIENDS/ENTRE AMIS
was produced to honour the
American Revolution Bicentennial
and is presented as an enduring expression
of the friendship of Canadians
for the people of the
United States of America

1776–1976

ENTRE AMIS/BETWEEN FRIENDS
Par ce recueil
réalisé à l'occasion du
Bicentenaire de la Révolution américaine
le peuple canadien souhaite
exprimer au peuple des Etats-Unis
son sentiment de fidèle amitié

FOREWORD

This book is about people – about the Canadians and Americans who live in harmony close to that long thin line known as the International Boundary. It is about the boundary itself, which both links these people and helps to define their separate national identities.

This book is also a celebration – a joyful recognition of that striking triumph of the human spirit reflected in the atmosphere of peace and friendship which pervades the many relationships between two proud and free nations. It is a celebration, as well, of the two hundredth anniversary of the American Declaration of Independence, and of the innumerable accomplishments of a great country during two centuries of freedom.

No one should think it strange that Canadians should involve themselves in the observance of an American anniversary. Over hundreds of years we have worked and played together, laughed and mourned together, fought side by side against common enemies. Our two peoples have helped each other repair the havoc of natural disasters, inspired and applauded each other, opened our hearts and our homes to each other as to valued and welcome friends.

Let no one seek to devalue the achievements of our friendship by glossing over its occasional difficulties. It is true that, as is not uncommon among lifelong friends, we have sometimes had serious differences of opinion, misunderstood each other, struggled against each other's competing ambitions. Long ago we even fought each other, usually in relation to the very boundary which this book illuminates.

The true nature of our international relationship, however, is revealed by the fact that it is defined not by our differences, but by our capacity and eagerness to resolve them.

Our International Boundary, and the men and women who view it from opposite sides, have a vitally important lesson to teach other members of the community of nations. It is well expressed on a plaque marking the border line between Alaska and the Yukon Territory – a plaque which proclaims that the friendship between Canada and the United States is "a lesson of peace to all nations".

PIERRE ELLIOTT TRUDEAU
PRIME MINISTER OF CANADA

AVANT-PROPOS

Ce volume évoque deux peuples, les Canadiens et les Américains, deux peuples fortement caractérisés qui voisinent harmonieusement de part et d'autre d'une très longue et très discrète frontière.

Ses images disent la belle réussite humaine dont témoigne le climat de paix et d'amitié dans lequel deux pays aussi fiers et aussi libres que le Canada et les Etats-Unis entretiennent des rapports si nombreux et complexes. Par la publication de ce recueil, les Canadiens entendent marquer le deux-centième anniversaire de la Déclaration d'indépendance des Etats-Unis et rendre hommage aux innombrables réalisations de cette grande nation.

Il est tout naturel que le Canada veuille s'associer à cet anniversaire. Nos deux peuples fraternisent depuis si longtemps dans le travail et la détente, dans la joie et dans le deuil. Menacés par des ennemis communs, ils luttent côte à côte; éprouvés par quelque désastre, ils s'entraident spontanément; ils s'inspirent, ils s'encoura-gent, ils s'applaudissent mutuellement; ils se visitent très volontiers.

Il est vrai que, comme cela arrive souvent entre vieux amis, nous avons eu parfois de sérieuses divergences d'opinions, des malentendus, voire des aspirations contradictoires. Il y a longtemps, longtemps, nous nous sommes même battus. Mais ces heurts occasionnels ne sauraient faire douter d'une amitié qui a donné tant de preuves de sa solidité.

Les hommes et les femmes que distingue si humainement la frontière canado-américaine ont un message capital à communiquer aux autres membres de la communauté mondiale, message exprimé avec un singulier bonheur sur la plaque posée à la ligne de démarcation de l'Alaska et du Yukon, et sur laquelle on lit que l'amitié entre le Canada et les Etats-Unis est "un exemple de paix pour toutes les nations".

PIERRE ELLIOTT TRUDEAU
PREMIER MINISTRE DU CANADA

Photography has, from its inception, played an important role in the cultural and scientific development of North America.

In the year 1858, the Canadian geologist and explorer, Henry Youle Hind, in charge of an expedition to determine the agricultural potential of the Saskatchewan and the Assiniboine River valleys, invited a young photographer, H. L. Hime, to join his party and to take pictures of "all objects of interest susceptible of photographic delineation".

The first scientific application of photography in surveying in Canada came in 1887. Edouard Deville, then Surveyor General of Canada, introduced it as part of his method when he extended into the Rocky Mountains the system of subdivision of Dominion Lands into townships and sections.

In 1892, Canadian parties of the International Boundary Commission mapped the coastal mountains of the Alaska Panhandle using horizontal photographs taken from peaks of mountains and from other panoramic vantage points. Their use of photogrammetry proved so successful that in 1894 the United States surveyors of the Commission adopted it. The negatives of the photographs are in the files of the International Boundary Commission and have recently taken on new value in the study of glaciers.

In 1975, the National Film Board of Canada sent thirty-two Canadian photographers to examine the United States-Canada border. The photographers were asked to interpret the border, to photograph the land and people in the immediate vicinity of it, to document places in both countries where there is a sense of the border present in the daily lives of the people that live there. They were to range more than twenty miles from the International Boundary vista only in the sparsely populated parts of the continent, where people in one of the countries live a considerable distance from their nearest neighbours across the border. On the eve of the two hundredth birthday of the United States the photographers travelled the entire length of the "division with height and length, but no breadth, that is legally the border" and recorded, much as their earliest colleague had, people and "objects of interest susceptible of photographic delineation".

The boundary between Canada and the United States is maintained by the International Boundary Commission. The Commissioners in 1976 were Mr. Richard L. Herman for the United States and Mr. A. F. Lambert for Canada.

STILL PHOTOGRAPHY DIVISION
NATIONAL FILM BOARD OF CANADA

Dès ses débuts, la photographie a joué un rôle important dans l'évolution culturelle et scientifique de l'Amérique du Nord.

En 1858, Henry Youle Hind, géologue et explorateur canadien à la tête d'une expédition chargée de déterminer le potentiel agricole des vallées des rivières Saskatchewan et Assiniboine, avait invité un jeune photographe, H. L. Hime, à se joindre à l'équipe et à photographier "tous les objets intéressants susceptibles de bien ressortir sur la pellicule".

C'est en 1887 que la photographie a été pour la première fois utilisée en topographie au Canada. Edouard Deville, Arpenteur général du Canada à cette époque, fit appel à ce procédé lorsqu'il étendit aux Montagnes Rocheuses l'usage du système de subdivision des terres du Canada en cantons et sections.

En 1892, les équipes canadiennes de la Commission frontalière internationale dressèrent la carte des montagnes côtières de la queue de l'Alaska en se servant de photographies prises à l'horizontale à partir des sommets des montagnes et autres hauteurs offrant une vue panoramique. Cette utilisation de la photogrammétrie connut un grand succès et, en 1894, les arpenteurs américains relevant de la Commission l'adoptèrent à leur tour. Les négatifs, conservés dans les archives de la Commission frontalière internationale, ont récemment retrouvé toute leur actualité grâce à l'usage qui en est fait dans l'étude des glaciers.

En 1975, l'Office national du film du Canada a envoyé trente-deux photographes canadiens étudier la frontière canado-américaine. Ils avaient pour mission de traduire en images ce que la frontière représentait pour eux, de photographier les terres limitrophes et leurs habitants et de recueillir des données et des anecdotes sur les endroits où la vie quotidienne est marquée par la présence, toute proche, de la frontière. Ce n'était que dans les régions faiblement peuplées, où des distances considérables séparaient les Canadiens de leurs voisins américains, qu'ils pouvaient s'écarter de plus de vingt milles de la frontière internationale. A la veille du bicentenaire des Etats-Unis, les photographes ont suivi de bout en bout "cette ligne imaginaire formée par un plan vertical d'épaisseur virtuelle qui constitue la frontière légale" et, comme leur devancier de 1858, ils ont photographié toutes les personnes et "objets intéressants susceptibles de bien ressortir sur la pellicule".

Le tracé et l'entretien de la frontière entre le Canada et les Etats-Unis relèvent de la Commission frontalière internationale. En 1976, les commissaires étaient, pour les Etats-Unis, M. Richard L. Herman et pour le Canada, M. A. F. Lambert.

SERVICE DE LA PHOTOGRAPHIE
OFFICE NATIONAL DU FILM DU CANADA

The Photographers
Les Photographes

MICHEL CAMPEAU

ROGER CHARBONNEAU

PETER CHRISTOPHER

DANIEL CONRAD

JOHN DE VISSER

LUTZ DILLE

JUDITH EGLINGTON

PIERRE GAUDARD

TED GRANT

CLARA GUTSCHE

MICHEL LAMBETH

CURTIS LANTINGA

RANDAL LEVENSON

MIA AND KLAUS

ROBERT MINDEN

DON NEWLANDS

CHARLES OBERDORF

FREEMAN PATTERSON

NINA RAGINSKY

BARRY RANFORD

MICHAEL SEMAK

DANNY SINGER

SPITERI

GABOR SZILASI

PAUL VON BAICH

RICHARD VROOM

The idea of producing a book on the Canada-United States border was put forward originally by Sydney Newman, Canadian Government Film Commissioner and Chairman of the National Film Board from 1970 to 1975.

The photographers and writers sent out by the National Film Board talked with thousands of people, in eleven states of the United States and in seven provinces and the Yukon Territory of Canada. Those people were of inestimable help in the production of this book. Bridge, ferry and tunnel authorities provided interesting and useful information. Truckers and bus-drivers, railway and airlines personnel, were unfailingly pleasant and helpful. Customs and Immigration officers were patient and cooperative, even when photographers crossed from one country to the other half a dozen times in the same day, in order to fulfill their photographic assignments. People who live or work near the international border talked willingly about what it is like to have another nation just down the street, or across the bridge, or around the next bend in the road. Many other people received telephone calls or letters from the National Film Board, asking them the height of a particular mountain pass, the population of a particular village, the name of a particular person. From Haines, Alaska, and Dawson in the Yukon, to Milltown, Maine, and St. Andrews, New Brunswick, officials, local historians and casual bystanders, were invariably generous with their knowledge and their time. We hope that they will enjoy the book that they have helped to produce.

The quotations that appear on the pages with the photographs were selected not as captions but, rather, as comments relevant to the concept of the book. Many people suggested quotations, from a wide range of sources. Particular thanks are due, for their suggestions, to John Robert Colombo, Miriam Waddington, Jacques Poisson, Robert Hamilton, Thomas Middlebro' and Davidson Dunton.

The plate notes were read at various stages in manuscript by Guy Sylvestre, by Miriam Waddington and by John Robert Colombo. Peter Jones, of the Canadian Government Specifications Board, and Hélène Valin of the Surveys and Mapping Branch of the Canadian Government, offered valuable information and expert advice. To all of them we extend our thanks. We are grateful also to the Government of Canada Translation Bureau, Cultural Section, for their imaginative and efficient work.

We are indebted to many people in the offices of the International Boundary Commission (Canadian Section). Winston Smith supplied pertinent information on many aspects of the border. Janet Long answered dozens of questions, examined hundreds of photographs, read and re-read many pages of text. Carl Gustafson was of great help to the photographer that went to Alaska and the Yukon, supplying him with essential helicopter transportation to remote border points of the state and the territory.

To A. F. Lambert, International Boundary Commissioner (Canadian Section) since 1957, we are particularly grateful. With unfailing courtesy he has given a great deal of time, over a period of many months, to matters concerned with this book, helping to establish the exactness of small points with all the enthusiasm that he has devoted to discussions of larger issues. We extend to him our warmest thanks.

L'idée de prendre la frontière entre le Canada et les Etats-Unis comme sujet d'un livre a été lancée à l'origine par Sydney Newman, commissaire du gouvernement à la cinématographie et président de l'Office national du film de 1970 à 1975.

Les photographes et rédacteurs chargés de cette tâche par l'Office national du film ont rencontré des milliers de personnes dans onze états des Etats-Unis et sept provinces du Canada, ainsi que dans le Yukon; toutes ces personnes ont été d'un précieux secours dans la production de l'ouvrage. Les responsables des ponts, bacs et tunnels ont fourni des renseignements intéressants et utiles. Les camionneurs et les chauffeurs d'autobus, les employés des chemins de fer et des compagnies d'aviation ont été d'une amabilité et d'une serviabilité qui ne se sont jamais démenties. Les agents des douanes et de l'immigration se sont montrés aussi patients qu'obligeants, même lorsque les photographes faisaient la navette entre les deux pays six fois par jour pour s'acquitter de leur tâche. Les personnes qui habitent ou travaillent près de la frontière internationale ont dit spontanément l'effet que leur faisait l'existence d'une autre nation au coin de la rue, de l'autre côté du pont ou au prochain tournant. Nombre de personnes ont reçu des appels téléphoniques ou des lettres de l'Office national du film leur demandant la hauteur d'un col de montagne, le nombre d'habitants d'un village ou le nom d'une personne. De Haines (en Alaska) et de Dawson (au Yukon) jusqu'à Milltown (dans le Maine) et St. Andrews (au Nouveau-Brunswick), les fonctionnaires, les historiens de l'endroit et les simples passants ont tous sans exception accepté que l'on mette leurs connaissances et leur temps à contribution. Nous espérons qu'ils aimeront le livre qu'ils ont aidé à produire.

Nombre de personnes ont puisé aux sources les plus diverses pour proposer des citations convenant au thème et à l'esprit de cet ouvrage. Nous tenons à remercier tout particulièrement John Robert Colombo, Miriam Waddington, Jacques Poisson, Robert Hamilton, Thomas Middlebro' et Davidson Dunton pour leurs suggestions.

Les notes d'accompagnement des photos ont été lues à diverses étapes de la rédaction du manuscrit par Guy Sylvestre, Miriam Waddington et John Robert Colombo. Peter Jones de l'Office des normes du gouvernement canadien et Hélène Valin de la Direction des levés et de la cartographie du gouvernement du Canada ont fourni des renseignements et des conseils précieux. Nous les remercions tous. Nous tenons également à exprimer notre gratitude à la Section culturelle du Bureau des traductions du gouvernement du Canada pour leur précieuse collaboration à la rédaction du texte français.

Nos remerciements vont également à de nombreuses personnes des bureaux de la Commission frontalière internationale (Section canadienne). Winston Smith a fourni des renseignements pertinents sur de nombreux aspects de la frontière. Janet Long a répondu à des douzaines de questions, examiné des centaines de photographies, lu et relu de nombreux textes. Carl Gustafson a considérablement aidé le photographe qui est allé en Alaska et au Yukon en mettant des hélicoptères à sa disposition pour qu'il puisse se rendre à des endroits éloignés de la frontière entre l'état et le territoire.

Nous sommes particulièrement reconnaissants à A. F. Lambert, commissaire de la Frontière internationale pour le Canada depuis 1957. Ne se départissant jamais de sa courtoisie, il s'est employé pendant de nombreux mois à vérifier certains aspects de l'album et, qu'il se soit agi de questions importantes ou de points de détail, il y a mis toujours le même enthousiasme. Nous lui exprimons nos plus vifs remerciements.

The National Film Board of Canada wishes to thank authors and publishers for permission to use excerpts, as follows: Alfred A. Knopf, Inc., New York: *Canada and the United States* by Hugh L. Keenleyside; Jean-Charles Bonenfant: *L'Esprit de 1867;* Ed Ogle, for the statement by Peter Berglund; The Bodley Head Ltd., London, and Mrs. Donald Nimmo, Birmingham, Michigan: *Reflections on the North* by Stephen Leacock; Random House, Inc., New York, and the Estate of Gertrude Stein, Baltimore, Maryland: *The Geographic History of America* by Gertrude Stein; Editions Hurtubise HMH Ltée, Montréal: "L'Ange de Dominique" by Anne Hébert, published in her *Le Torrent,* 1974; Curtis Brown Ltd., London, Charles Scribner's Sons, New York: *The Wind in the Willows* by Kenneth Grahame; Louis Dudek and Editions Delta Canada, Montréal: *Atlantis;* Peter C. Newman: *The Testament of a Canadian;* Gabrielle Roy, Librairie Beauchemin Limitée, Montréal, and McClelland & Stewart Ltd., Toronto: *La Petite Poule d'Eau;* Simon & Schuster of Canada Ltd., Toronto: *The Death of the Toronto Telegram and Other Newspaper Stories* by Jock Carroll; The Bodley Head Ltd., London: *The Bodley Head Leacock,* published in Canada by McClelland & Stewart Ltd., Toronto, with the title, *The Best of Leacock;* Praeger Publishers, Inc., New York: "The Long Border" by Bruce Hutchison in *Neighbors Taken for Granted: Canada and the United States,* edited by Livingston T. Merchant; The Macmillan Co. of Canada Ltd., Toronto: *Canada Views the United States* by Richard A. Preston; Leonard Cohen, The Viking Press Inc., New York, Jonathan Cape Ltd., London, and McClelland & Stewart Ltd., Toronto: "I've Seen Some Lonely History" in *Selected Poems 1956-1968* by Leonard Cohen; Robert Morley, for his statement from the C.B.C. *On the Scene* series interview; Margaret Laurence and McClelland & Stewart Ltd., Toronto: "The Rain Child" in *The Tomorrow Tamer* by Margaret Laurence; Les Editions Flammarion Ltée, Paris: *Trente Arpents* by Ringuet; Gilles Vigneault and Les Nouvelles Editions de l'Arc, Montréal: *Balises;* Yves Thériault and Editions de l'Homme: *Le Roi de la Côte Nord;* Grove Press Inc., New York, and Sterling Lord Agency, Inc., New York: *Lonesome Traveler* by Jack Kerouac; Faber & Faber Ltd., London, Alfred A. Knopf Inc., New York, and Albert Bonniers Förlag, Stockholm: *Markings* by Dag Hammarskjöld, translated by W. H. Auden and Lief Sjöberg; Richard Starnes, Collins-Knowlton-Wing, Inc., New York, and David McKay Co., Ltd., New York, for the statement by Richard Starnes quoted in *Canada: The Uneasy Neighbor* by Gerald Clark; Random House, Inc., New York, and the Estate of Gertrude Stein, Baltimore, Maryland: *Wars I Have Seen* by Gertrude Stein; Maclean's, Toronto: "North Country Passing" by Andrei Voznesensky; Les Presses de l'Université Laval, Québec: "Les valeurs idéologiques communes et divergentes" by Jean Tournon, in *La dualité canadienne à l'heure des Etats-Unis,* 4e Congrès des Affaires canadiennes; Gilles Vigneault, for his statement at the Superfrancofête; Harper & Row Publishers Inc., New York: *One Man's Meat* by E. B. White; Pamela Anne Gordon, for her statement on being chosen first Canadian Playmate of the Month; Editions Fides, Montréal: *Vézine* by Marcel Trudel; J. M. Dent & Sons (Canada) Ltd., Toronto: *On Being Canadian* by Vincent Massey; The Bodley Head Ltd., London, and Mrs. Donald Nimmo, Birmingham, Michigan: the Ivy Lea Bridge dedication address in *Last Leaves* by Stephen Leacock; James Eayrs: "Canadianism: Back and Forth on the National Swing", Toronto Star, July 3, 1975; John Newlove and McClelland & Stewart Ltd., Toronto: "The Pride" in *Black Night Window* by John Newlove; The Bodley Head Ltd., London, and Thomas Allen & Son Ltd., Toronto: *My Discovery of the West* by Stephen Leacock; Saturday Review, New York: *Footloose in Canada* by Horace Sutton; James Lorimer and Co., Toronto, and Jean McReynolds Lauesen, Depoe Bay, Oregon: *Strange Empire: A Narrative of the Northwest* by Joseph Kinsey Howard; Miriam Waddington: "Little Pictures" published in her *The Price of Gold,* 1976, Oxford University Press, Toronto; Canadian Club of Toronto: the address by Admiral David Beatty; Yves Thériault and the Institut Littéraire du Québec: *Aaron;* Les Presses de l'Université Laval, Québec: "La dualité canadienne et les relations canado-américaines" by André Patry in *La dualité canadienne à l'heure des Etats-Unis,* 4e Congrès des Affaires canadiennes; Jean-Paul Desbiens, for his statement from La Presse; Les Editions Flammarion Ltée, Paris: *Canada* by Maurice Genevoix; The Bodley Head Ltd., London, and Dodd Mead & Co., New York: *How to Write* by Stephen Leacock; Librairie Armand Colin, Paris: *Le Canada, puissance internationale* by André Siegfried.

L'Office national du film du Canada a une dette de reconnaissance envers les auteurs et les maisons d'édition suivantes qui nous ont permis de reproduire des extraits de leurs oeuvres: Alfred A. Knopf Inc., New York pour *Canada and the United States* de Hugh L. Keenleyside; Jean-Charles Bonenfant pour *L'esprit de 1867;* Ed Ogle pour la remarque de Peter Berglund; The Bodley Head Ltd, Londres et Mme Donald Nimmo de Birmingham, Michigan pour *Reflections on the North* de Stephen Leacock; Random House Inc., New York et la succession de Gertrude Stein, Baltimore, Maryland pour *The Geographical History of America* de Gertrude Stein; les Editions Hurtubise HMH Ltée, Montréal pour "L'Ange de Dominique" d'Anne Hébert paru dans *Le Torrent,* 1974; Curtis Brown Ltd, Londres et Charles Scribner's Sons, New York pour *The Wind in the Willows* de Kenneth Grahame; Louis Dudek et les Editions Delta Canada, Montréal pour *Atlantis;* Peter C. Newman pour *The Testament of a Canadian;* Gabrielle Roy, la Librairie Beauchemin Limitée, Montréal et McClelland & Stewart Ltd, Toronto pour *La Petite Poule d'Eau;* Simon & Schuster of Canada Ltd, Toronto pour *The Death of the Toronto Telegram and Other Newspaper Stories* de Jock Carroll; The Bodley Head Ltd, Londres pour *The Bodley Head Leacock,* publié au Canada par McClelland & Stewart Ltd, Toronto, sous le titre de *The Best of Leacock;* Praeger Publishers Inc., New York pour "The Long Border" de Bruce Hutchison paru dans *Neighbors Taken for Granted: Canada and the United States,* textes choisis par Livingston T. Merchant; The Macmillan Co. of Canada Ltd, Toronto pour *Canada Views the United States* de Richard A. Preston; Leonard Cohen, The Viking Press Inc., New York, Jonathan Cape Ltd, Londres et McClelland & Stewart Ltd, Toronto pour "I've Seen Some Lonely History" paru dans *Selected Poems 1956-1968* de Leonard Cohen; Robert Morley pour sa remarque extraite d'une interview dans la série *On the Scene* de La Société Radio-Canada; Margaret Laurence et McClelland & Stewart Ltd, Toronto pour "The Rain Child" paru dans *The Tomorrow Tamer* de Margaret Laurence; Les Editions Flammarion Ltée, Paris pour *Trente Arpents* de Ringuet; Gilles Vigneault et les Nouvelles Editions de l'Arc, Montréal pour *Balises;* Yves Thériault et les Editions de l'Homme pour *Le Roi de la Côte Nord;* Grove Press Inc., New York et Sterling Lord Agency Inc., New York pour *Lonesome Traveler* de Jack Kerouac; Faber & Faber Ltd, Londres, Alfred A. Knopf Inc., New York et Albert Bonniers Förlag, Stockholm pour *Markings* de Dag Hammarskjöld, traduction de W. H. Auden et Lief Sjöberg; Richard Starnes, Collins-Knowlton-Wing Inc., New York et David McKay Co. Ltd, New York pour la remarque de Richard Starnes citée par Gerald Clark dans *Canada: The Uneasy Neighbor;* Random House Inc., New York et la succession de Gertrude Stein, Baltimore, Maryland pour *Wars I Have Seen* de Gertrude Stein; Maclean's, Toronto pour "North Country Passing" de Andrei Voznesensky; les Presses de l'Université Laval, Québec pour "Les valeurs idéologiques communes et divergentes" de Jean Tournon, paru dans *La dualité canadienne à l'heure des Etats-Unis,* 4e Congrès des Affaires canadiennes; Gilles Vigneault pour sa remarque à la Superfrancofête; Harper & Row Publishers Inc., New York pour *One Man's Meat* de E. B. White; Pamela Anne Gordon pour son commentaire à titre de première canadienne élue "Playmate of the Month"; les Editions Fides, Montréal pour *Vézine* de Marcel Trudel; J. M. Dent & Sons (Canada) Ltd, Toronto pour *On Being Canadian* de Vincent Massey; The Bodley Head Ltd, Londres et Mme Donald Nimmo, Birmingham, Michigan pour l'extrait du discours à l'occasion de l'inauguration du pont Ivy Lea, texte paru dans *Last Leaves* de Stephen Leacock; James Eayrs pour "Canadianism: Back and Forth on the National Swing", Toronto Star, 3 juillet 1975; John Newlove et McClelland & Stewart Ltd, Toronto pour "The Pride" paru dans *Black Night Window* de John Newlove; The Bodley Head Ltd, Londres et Thomas Allen & Son Ltd, Toronto pour *My Discovery of the West* de Stephen Leacock; Saturday Review, New York pour *Footloose in Canada* de Horace Sutton; James Lorimer and Co., Toronto et Jean McReynolds Lauesen, Depoe Bay, Oregon pour *Strange Empire: A Narrative of the Northwest* de Joseph Kinsey Howard; Miriam Waddington pour "Little Pictures" paru dans *The Price of Gold* publié par Oxford University Press, Toronto en 1976; le Canadian Club de Toronto pour l'extrait du discours de l'amiral David Beatty; Yves Thériault et l'Institut Littéraire du Québec pour *Aaron;* les Presses de l'Université Laval, Québec pour "La dualité canadienne et les relations canado-américaines" d'André Patry paru dans *La dualité canadienne à l'heure des Etats-Unis,* 4e Congrès des Affaires Canadiennes; Jean-Paul Desbiens pour sa remarque extraite d'un éditorial de La Presse; Les Editions Flammarion Ltée, Paris pour *Canada* de Maurice Genevoix; The Bodley Head Ltd, Londres et Dodd Mead & Co., New York pour *How to Write* de Stephen Leacock; la Librairie Armand Colin, Paris pour *Le Canada, puissance internationale* d'André Siegfried.

THE NORTHWEST/LE NORD-OUEST

BEAUFORT SEA

DEMARCATION POINT

CANADA
UNITED STATES OF AMERICA

MT. GREENOUGH +

OLD CROW •

YUKON TERRITORY

RABBIT MTN. +

+ MT. BURGESS

• SALMON

ALASKA

SHEEP MTN.
+

NATION •
CROOKED CREEK •
EAGLE •
LIBERTY CREEK •

MT. HARPER
+
LITTLE GOLD CREEK
SIXTYMILE

KLONDIKE •
BEAR CREEK • DAWSON
GRANVILLE •

BOUNDARY •
POKER CREEK •
FRANKLIN •
• CHICKEN

STEWART RIVER •
MIRROR CREEK •
BEAVER CREEK •
DONJEK
SNAG •
DRY CREEK •
WHITE RIVER •

TETLIN JUNCTION •
NORTHWAY •

HARD LUCK CREEK •

+ MT. LUCANIA

• CHISANA

MT. BEAR +
MT. BONA +

MT. ST. ELIAS •

CAPE
YAKATAGA •
MT. AUGUST

PAC

0   50   100   200 MILES
0   50   100   200 KILOMETRES

ICEFIELDS AND GLACIERS

BRITISH COLUMBIA

LUANE
BEAR CREEK
HAINES JUNCTION
KLUKSHU
SQUAW CREEK
MT. FOSTER
WHITEHORSE
CHILKOOT PASS
BENNETT
WHITE PASS
MT. POLETICA
ATLIN
TAKU
TULSEQUAH
DEVILS PAW
INKLIN
SHESLAY
MT. RATZ +
KATES NEEDLE
TELEGRAPH CREEK

SKAGWAY
KLUKWAN
HAINES
JUNEAU
THANE
WINDHAM

YAKUTAT
MT. HAY
MT. FAIRWEATHER

PETERSBURG
WRANGELL

MT. JOHN JAY
NINEMILE
HYDER
PREMIER
STEWART
ANYOX
ALICE ARM
KINCOLITH

KETCHIKAN
TONGASS

PORT SIMPSON
GEORGETOWN MILLS
PRINCE RUPERT

TOW HILL
MASSET

IC OCEAN

QUEEN CHARLOTTE
ISLANDS

GM

The boundary between Canada and the United States
is a typically human creation; it is
physically invisible, geographically illogical,
militarily indefensible, and emotionally inescapable.

HUGH L. KEENLEYSIDE, CANADIAN DIPLOMAT, *CANADA AND THE UNITED STATES,* 1929

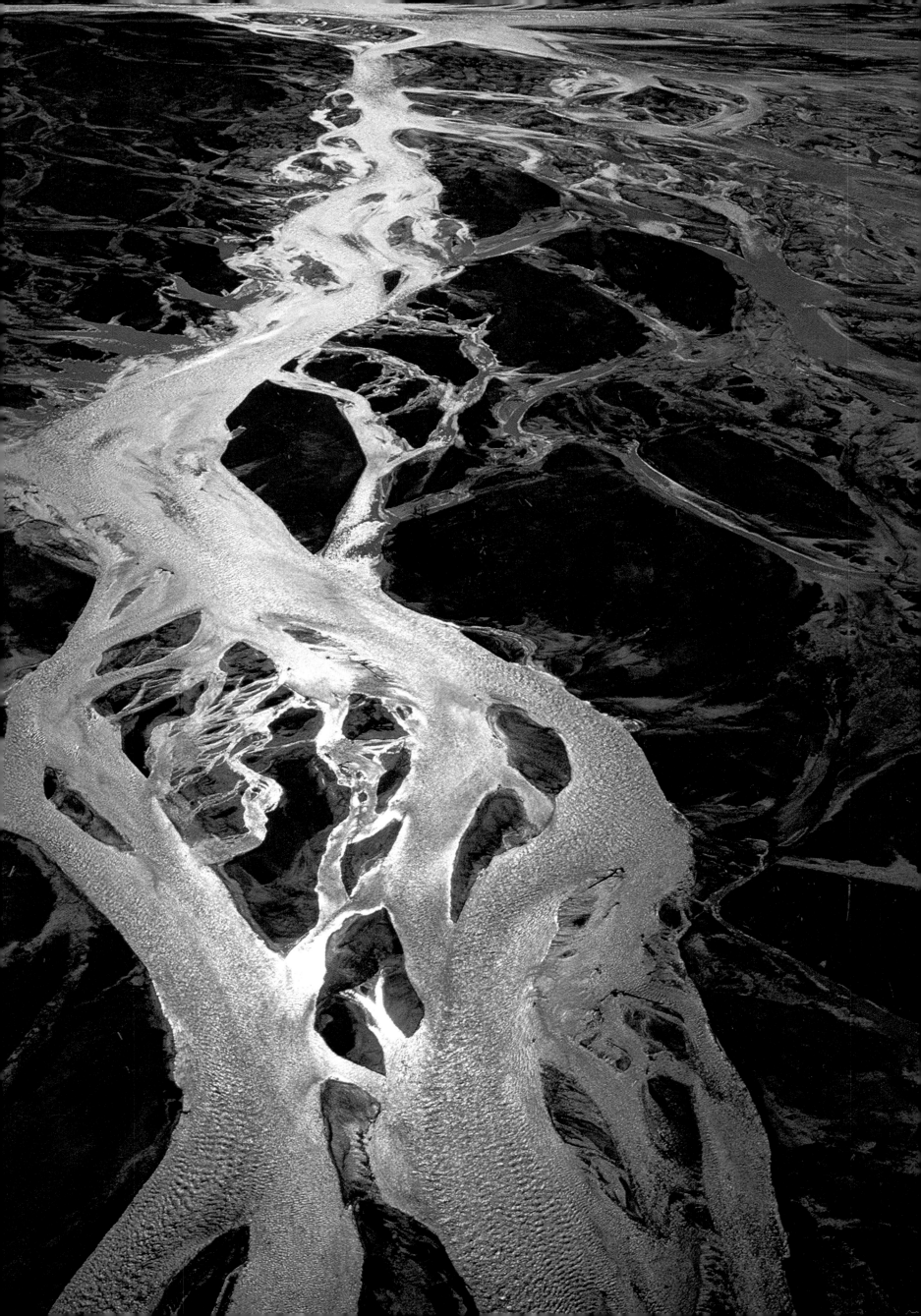

The meat of the buffalo tastes the same on both sides of the border.

ATTRIBUTED TO SITTING BULL, CHIEF OF THE SIOUX,
WHO CROSSED THE BORDER FOLLOWING THE BATTLE OF LITTLE BIG HORN, 1876

ENT
YU
TERR
CAN
WELCOM
LAND OF THE
AREA 2070

RING
KON
TORY
ADA
TO THE
IIDNIGHT SUN
SQ. MILES

La plupart des nations ont été formées non pas par des
gens qui désiraient intensément vivre ensemble,
mais plutôt par des gens qui ne pouvaient vivre séparément.

JEAN-CHARLES BONENFANT, HISTORIEN CANADIEN, *L'ESPRIT DE 1867*, 1963

For my part, I travel not to go anywhere, but to go.
I travel for travel's sake. The great affair is to move.

ROBERT LOUIS STEVENSON, BRITISH WRITER, *TRAVELS WITH A DONKEY*, 1878

The mountains are all right, I guess, but they sure do block the view.

PETER BERGLUND, RETIRED SASKATCHEWAN FARMER LIVING IN BRITISH COLUMBIA, 1958

Compared with the rest of a troubled world,
the North seems a vast realm of peace.

STEPHEN LEACOCK, CANADIAN WRITER AND ECONOMIST, *REFLECTIONS ON THE NORTH*, 1936

In the United States there is more space where nobody is
than where anybody is. That is what makes America what it is.

GERTRUDE STEIN, UNITED STATES WRITER, *THE GEOGRAPHICAL HISTORY OF AMERICA,* 1936

Je ne demande pas où mènent les routes;
c'est pour le trajet que je pars.

ANNE HÉBERT, ÉCRIVAIN CANADIEN, *L'ANGE DE DOMINIQUE*, 1945

"Glorious, stirring sight!" murmured Toad..."The poetry
of motion! The *real* way to travel! The *only* way to travel!
Here today – in next week tomorrow! Villages skipped, towns
and cities jumped – always somebody else's horizons! O bliss!
O poop-poop! O my! O my!"

KENNETH GRAHAME, BRITISH WRITER, *THE WIND IN THE WILLOWS*, 1908

The sea belongs to whoever sits by the shore.

LOUIS DUDEK, CANADIAN POET, *ATLANTIS,* 1967

The forty-ninth parallel, as far as determined during
the present season, traverses a mountainous country,
and, excepting a few localities, the entire region
is eminently unfit for occupation or settlement....
I am happy to report that we have got thus far
through the season's work without any damage to
our astronomical instruments. I regret, however,
that we have been less fortunate with the
magnetic instruments. The mule carrying these missed
his footing and rolled down a precipitous bank.

JOHN G. PARKE, LIEUTENANT, UNITED STATES ARMY,
UNITED STATES BOUNDARY SURVEY REPORT, 1859

We worry when you look hard at us,
but we are also touchy about being overlooked.

LESTER B. PEARSON, PRIME MINISTER OF CANADA,
ADDRESS AT NOTRE DAME UNIVERSITY, QUOTED IN *THE NEW YORK TIMES*, 1963

Geography has made us neighbors. History has made us friends.

Le Canada et les Etats-Unis, placés par la nature, côte à côte,
doivent être amis ou ennemis. Les deux peuples sont trop
proches voisins, ils ont trop les mêmes intérêts, trop d'ambitions
de la même espèce, pour rester indifférents l'un à l'autre.

JOSEPH ADOLPHE CHAPLEAU, HOMME D'ÉTAT CANADIEN,
DANS UN DISCOURS À PROVIDENCE, RHODE ISLAND, 1891

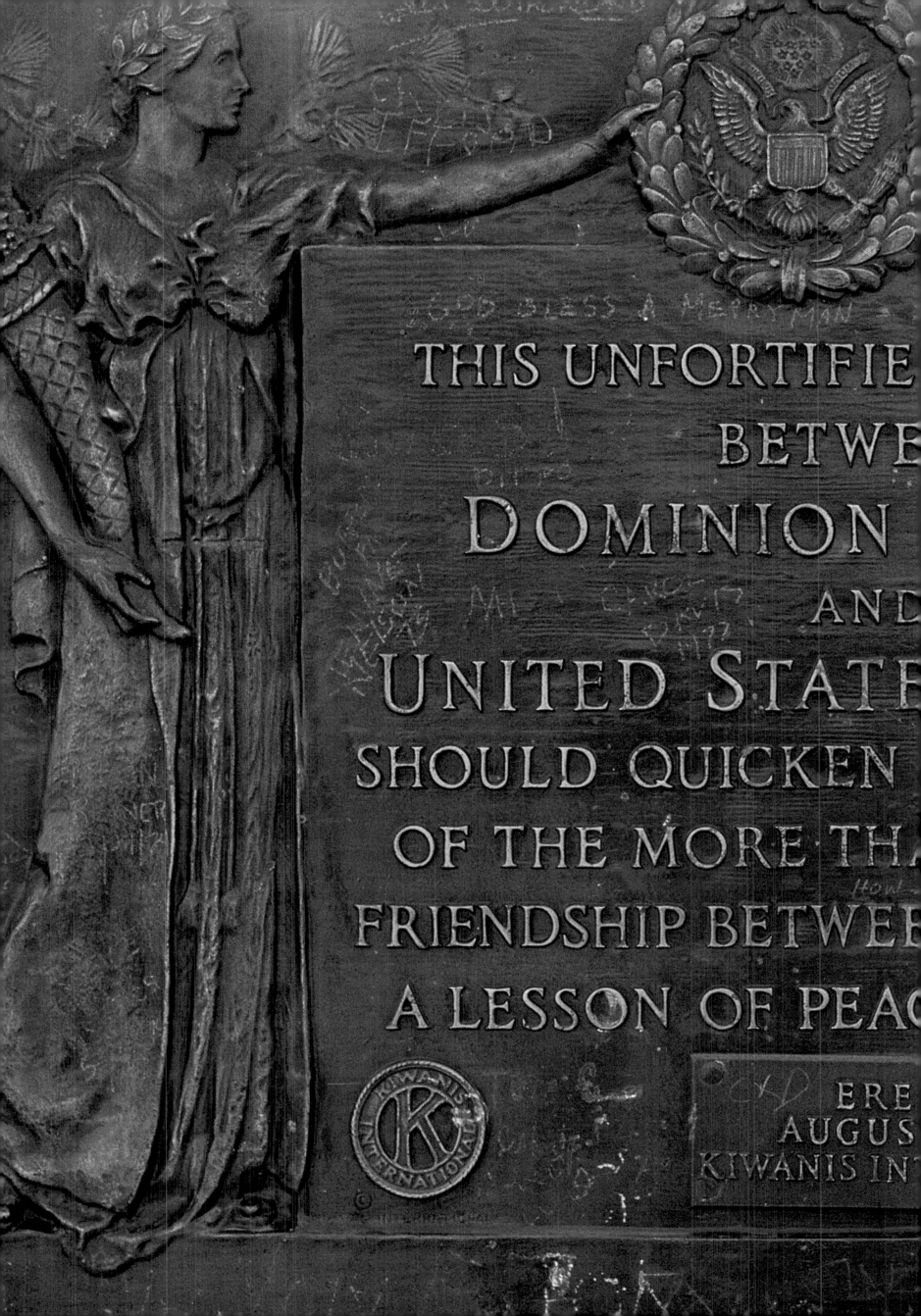

THIS UNFORTIFIE

BETWE

DOMINION

AND

UNITED STATE

SHOULD QUICKEN

OF THE MORE THA

FRIENDSHIP BETWEE

A LESSON OF PEAC

ERE
AUGUS
KIWANIS INT

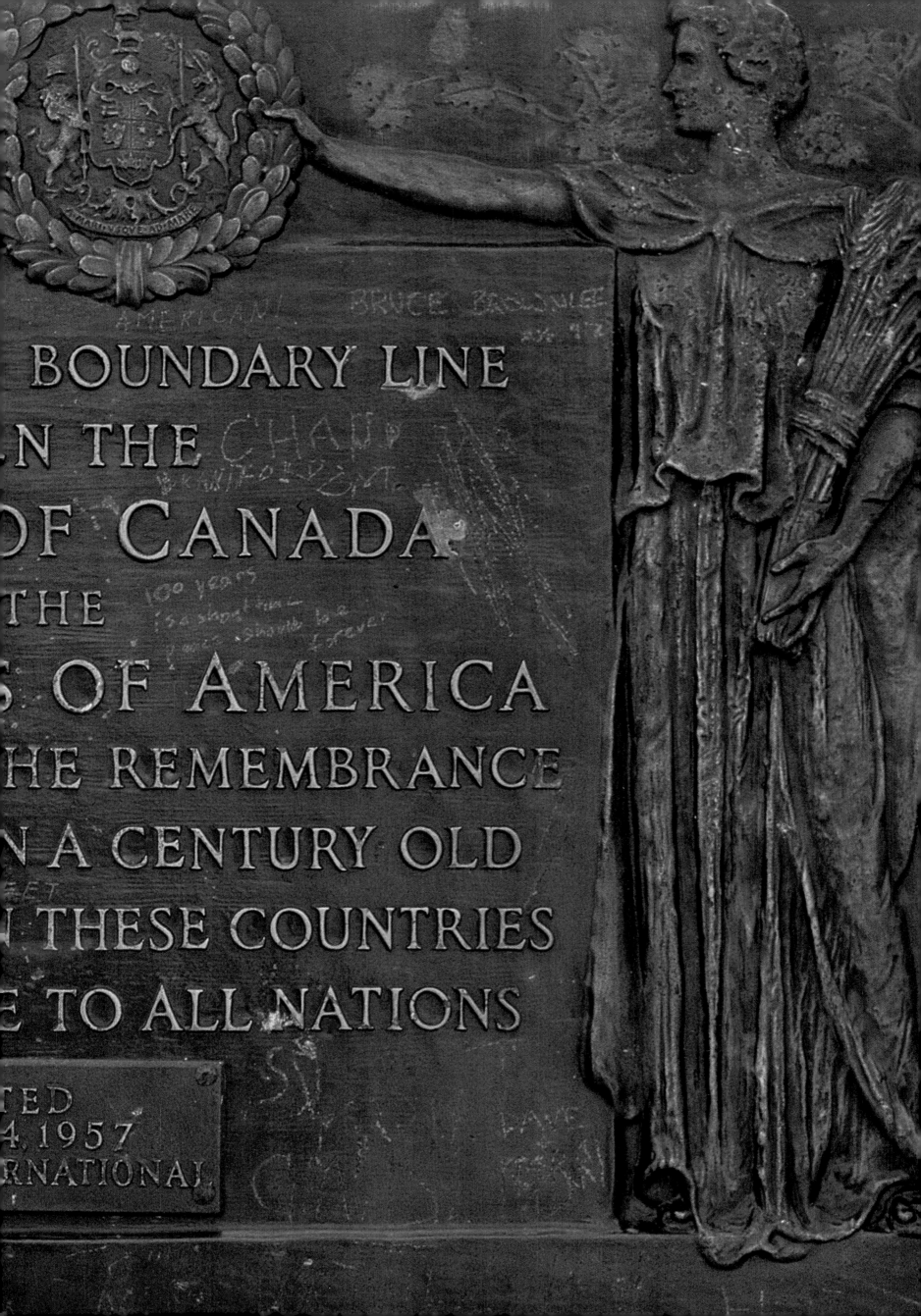

BOUNDARY LINE

N THE

OF CANADA

THE

S OF AMERICA

HE REMEMBRANCE

N A CENTURY OLD

THESE COUNTRIES

E TO ALL NATIONS

TED
4, 1957
RNATIONAL

The struggle that has formed our national character
has not been a contest against other people
but against the elements, against the cold and the wind
and the stubborn rock. This is a clean battle, but it
yields no victories, only the postponement of defeats.

PETER C. NEWMAN, CANADIAN WRITER AND EDITOR,
THE TESTAMENT OF A CANADIAN, 1968

Nothing makes the earth seem so spacious as to have friends
at a distance; they make the latitudes and longitudes.

HENRY DAVID THOREAU, UNITED STATES WRITER AND NATURALIST,
LETTER TO MRS. E. CASTLETON, 1843

That long frontier from the Atlantic to the Pacific oceans,
guarded only by neighbourly respect and honourable obligations, is an
example to every country and a pattern for the future of the world.

WINSTON S. CHURCHILL, PRIME MINISTER OF GREAT BRITAIN,
SPEECH AT CANADA CLUB, LONDON, ENGLAND, 1939

C'est l'une des régions les moins peuplées au monde,
un triste pays perdu où l'on rencontre pourtant des représentants
d'à peu près toutes les nationalités de la terre.

GABRIELLE ROY, ÉCRIVAIN CANADIEN, *LA PETITE POULE D'EAU*, 1950

When they said Canada, I thought
it would be up in the mountains somewhere.

MARILYN MONROE, UNITED STATES ACTRESS, QUOTED BY JOCK CARROLL IN
THE DEATH OF THE TORONTO TELEGRAM AND OTHER NEWSPAPER STORIES, 1971

THE ROCKIES / LES ROCHEUSES

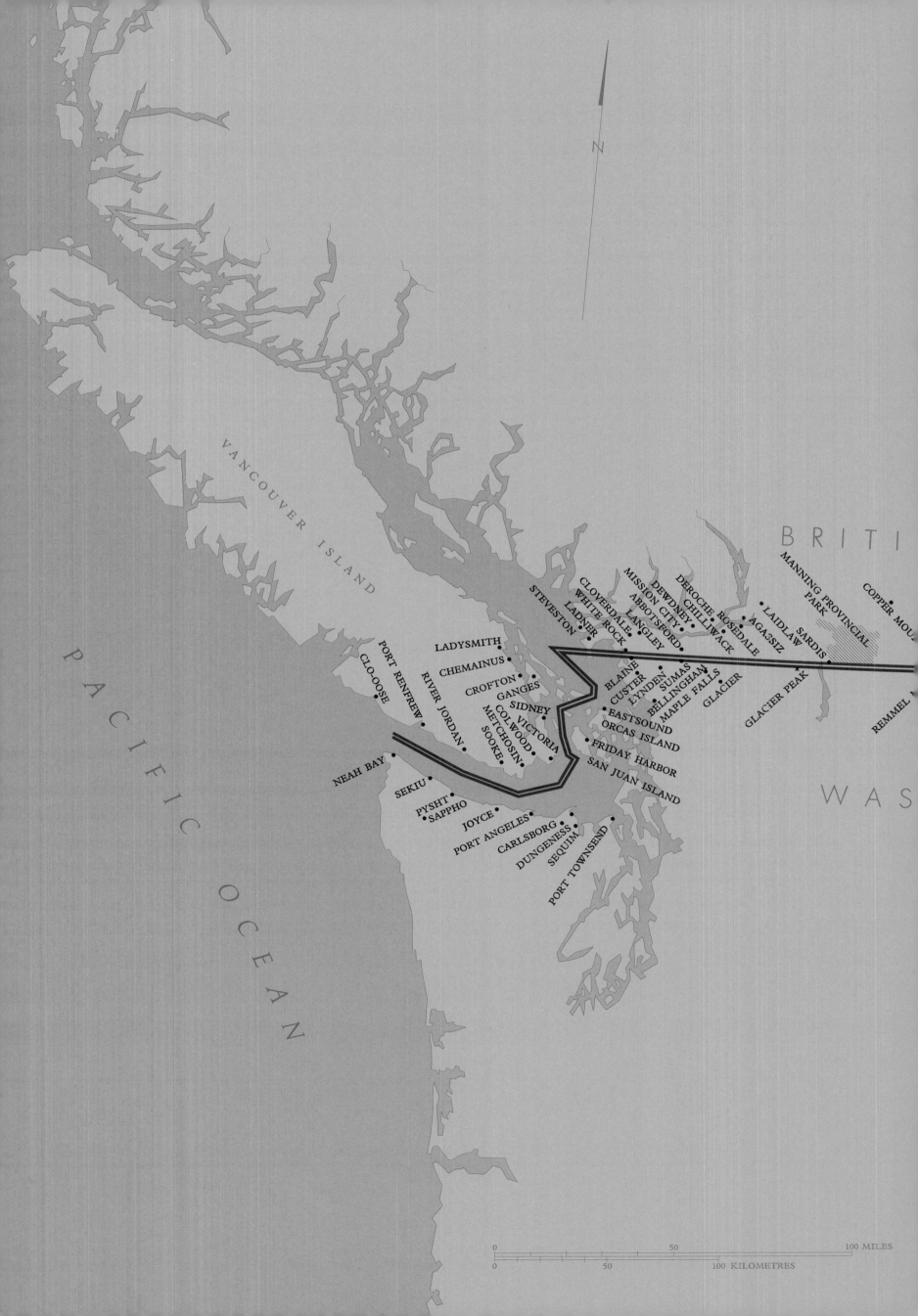

PACIFIC OCEAN

VANCOUVER ISLAND

BRITI

WAS

CLO-OOSE
PORT RENFREW
LADYSMITH
CHEMAINUS
RIVER JORDAN
CROFTON
GANGES
SIDNEY
COLWOOD
VICTORIA
METCHOSIN
SOOKE
NEAH BAY
SEKIU
PYSHT
SAPPHO
JOYCE
PORT ANGELES
CARLSBORG
DUNGENESS
SEQUIM
PORT TOWNSEND

STEVESTON
LADNER
WHITE ROCK
CLOVERDALE
LANGLEY
ABBOTSFORD
MISSION CITY
DEWDNEY
CHILLIWACK
DEROCHE
ROSEDALE
SARDIS
AGASSIZ
LAIDLAW
MANNING PROVINCIAL PARK
COPPER MOU
REMMEL M

BLAINE
CUSTER
LYNDEN
SUMAS
BELLINGHAM
MAPLE FALLS
GLACIER
GLACIER PEAK
EASTSOUND
ORCAS ISLAND
FRIDAY HARBOR
SAN JUAN ISLAND

N

0   50   100 MILES
0   50   100 KILOMETRES

ALBERTA

H COLUMBIA

BLOOD
RESERVATION DEL BONITA
SPRING COULEE
WHISKEY GAP
CARDSTON
MOUNTAIN VIEW CARWAY
BOUNDARY CREEK°
WATERTON LAKES
NATIONAL PARK
FLATHEAD

OLIVER
OS OSOYOOS
ROCK CREEK
GREENWOOD
GRAND FORKS
MIDWAY
CASCADE
FRUITVALE
SALMO
SHEEP CREEK
NELWAY
ROSSLAND TRAIL WANETA
FIFE
KITCHENER YAHK
CRESTON
KINGSGATE
RYKERTS
MOYIE
ROOSVILLE
WALDO
NEWGATE

CAWSTON
THAWK
OROVILLE
LOOMIS CORDELL MOLSON CHESAW
WAUCONDA DANVILLE
CURLEW
LAURIER
ORIENT
NORTHPORT
EVANS BOUNDARY
METALINE FALLS
IONE TIGER
PORTHILL
NORDMAN COPELAND
EASTPORT
MOYIE SPRINGS
YAAK
GATEWAY
REXFORD
EUREKA
FORTINE
TRAILCREEK

MT. CLEVELAND
GLACIER NATIONAL
PARK
COLUMBIA FALLS
BABB
ST. MARY

REPUBLIC

INGTON

IDAHO

MONTANA

We are not in the same boat,
but we are pretty much in the same waters.

ARTHUR MEIGHEN, PRIME MINISTER OF CANADA,
ADDRESS ON CANADIAN-AMERICAN RELATIONS, 1937

Sur des milliers de milles la frontière entre nos deux pays
ne peut être découverte qu'en consultant les étoiles.

WILFRID LAURIER, PREMIER MINISTRE DU CANADA,
DANS UN DISCOURS À BOSTON, 1891

The Canadian is often a baffled man because he feels
different from his British kindred and his
American neighbours, sharply refuses to be lumped with
either of them, yet cannot make plain this difference.

J. B. PRIESTLEY, BRITISH WRITER, *THE BODLEY HEAD LEACOCK,* 1957

The border between the United States and Canada...
is the most friendly and least visible line of international
power in the world. It is crossed daily by thousands
of travellers who hardly notice it in their passage.
It is washed by a Niagara of genial oratory and illuminated,
or sometimes obscured, by a perpetual diplomatic dialogue.
On both sides the border is taken as a fact of nature,
almost as an act of God, which no man thinks of changing.

BRUCE HUTCHISON, CANADIAN WRITER AND EDITOR, *THE LONG BORDER*, 1966

I never found the companion that was so companionable
as solitude. We are for the most part more lonely when we go
abroad among men than when we stay in our chambers.
A man thinking or working is always alone, let him be where he will.

HENRY DAVID THOREAU, UNITED STATES WRITER AND NATURALIST, *WALDEN*, 1854

Canadians often appear to suffer from a pronounced
inferiority complex resulting from their proximity to
the United States. They are probably the only people in
the world whose nationalism consists mainly in complaining
that there is no real national identity in the country.

RICHARD A. PRESTON, CANADIAN HISTORIAN,
CANADA VIEWS THE UNITED STATES, 1967

For this is what America is all about. It is the uncrossed
desert and the unclimbed ridge. It is the star that is not reached
and the harvest that's sleeping in the unplowed ground.

LYNDON B. JOHNSON, PRESIDENT OF THE UNITED STATES, WASHINGTON, D.C., 1965

I'm standing here before you
I don't know what I bring
If you can hear the music
Why don't you help me sing.

LEONARD COHEN, CANADIAN POET AND SONG WRITER,
I'VE SEEN SOME LONELY HISTORY, 1966

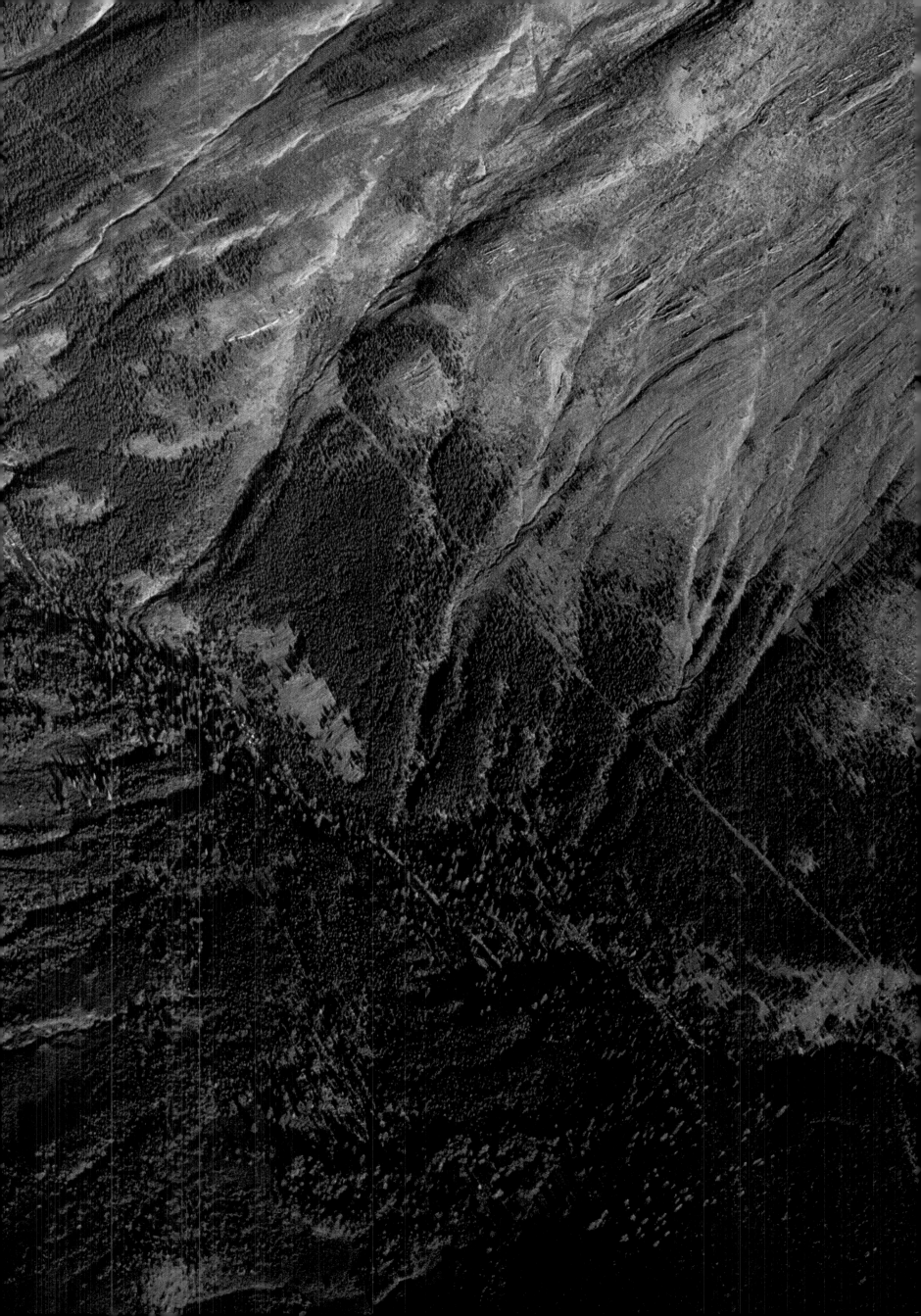

Boundary, n. In politics, the imaginary line between two nations,
separating the imaginary rights of one from the imaginary rights of the other.

AMBROSE BIERCE, UNITED STATES WRITER, *THE DEVIL'S DICTIONARY*, 1911

The difference between landscape and landscape is small,
but there is a great difference in the beholders.

RALPH WALDO EMERSON, UNITED STATES WRITER AND PHILOSOPHER, *ESSAYS: SECOND SERIES*, 1844

It were not best that we should all think alike;
it is difference of opinion that makes horse-races.

MARK TWAIN, UNITED STATES WRITER, *PUDD'NHEAD WILSON*, 1894

Canadians love to sit in the dark
trembling with fear at weather forecasts.

ROBERT MORLEY, BRITISH ACTOR, IN AN INTERVIEW, 1972

Nous rêvons en français et en anglais, mais nous travaillons
et nous nous amusons de plus en plus en américain.

JULES LÉGER, DIPLOMATE CANADIEN ET PLUS TARD GOUVERNEUR GÉNÉRAL DU CANADA,
DANS UN DISCOURS À QUÉBEC, 1957

We are all so anxious that people should not think us different.

MARGARET LAURENCE, CANADIAN WRITER, *THE RAIN CHILD*, 1962

If you look for a long while from here, you are seized
with a fancy that all the earth is rolling towards
the west, and there is nothing beyond the Rockies;
they end the world and meet the sky.

MOIRA O'NEILL, IRISH POET, RESIDENT IN ALBERTA IN 1855,
A LADY'S LIFE ON A RANCH, 1898

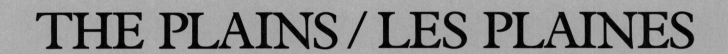

THE PLAINS / LES PLAINES

N

ALBERTA

SASKATCHEWA

BLOOD
RESERVATION
SPRING COULEE
DEL BONITA
WHISKEY GAP
CARDSTON
CARWAY
BABB
ST. MARY

RAYMOND
MAGRATH
STIRLING
COUTTS
WARNER
CONRAD
ROSEDALE
COLONY
LUCKY STRIKE
ETZIKOM
WILD HORSE
MANYBERRIES

GOVENLOCK
ROBSART
CONSUL
CLAYDON
CLIMAX
BRACKEN
MASEFIELD
VAL MARIE

MANKOTA
KILDEER
MOUNTAIN
WOOD
ROCKGLEN
WILLOW BUNCH
BIG BEAVER
MINTON
BENGOUGH
GLADMAR
LAKE

SWEETGRASS
SUNBURST
KEVIN
OILMONT
WHITLASH
HILL
GALATA
CHESTER
JOPLIN
SIMPSON
GILDFORD
KREMLIN
HAVRE
LOHMAN
HOGELAND
TURNER
CHINOOK
HARLEM
LORING
WHITEWATER
SACO
OPHEIM
RICHLAND
LARSLAN
PEERLESS
SCOBEY
WHITETAIL
FLAXVILLE
REDSTONE
OUTLOOK
RAYMOND
PLENTYWOOD
ANTELOPE
WEST

MONTANA

MANITOBA

NORTH DAKOTA

MINNESOTA

GAINSBOROUGH
CARIEVALE
GLEN EWEN
OXBOW
FROBISHER
NORTH PORTAL
LAMPMAN
BIENFAIT
ESTEVAN
TORQUAY

MELITA
WASKADA
NAPINKA
DELORAINE
BOISSEVAIN
KILLARNEY
HOLMFIELD
CARTWRIGHT
CRYSTAL CITY
PILOT MOUND

MANITOU
WINDYGATES
WINKLER
MORDEN
ALTONA
GRETNA
DOMINION CITY
EMERSON
TOLSTOI
ST. MALO
SOUTH JUNCTION
VITA
PINEY
SPRAGUE
MIDDLEBRO

PINEWOOD
GAMELAND
RAINY RIVER

CROSBY
NOONAN
COLUMBUS
LIGNITE
PORTAL
NORTHGATE
COTEAU
NIOBE
BOWBELLS
KENMARE
SHERWOOD
ANTLER
MOHALL
WESTHOPE
LANSFORD
LANDA
CARBURY
KRAMER
BOTTINEAU
OMEMEE
DUNSEITH
ST. JOHN
ROLLA
HANSBORO
SARLES
HANNAH
CLYDE
MAIDA
LANGDON
WALHALLA
NECHE
CAVALIER
PEMBINA
NOYES
ST. VINCENT
HALLOCK
LANCASTER
DONALDSON
KARLSTAD
GREENBUSH
BADGER
ROSEAU
WARROAD
ROOSEVELT
WILLIAMS
BAUDETTE

0   50   100 MILES

0   50   100 KILOMETRES

GM

La patrie c'est la terre, et non le sang.

RINGUET, ÉCRIVAIN ET MÉDECIN CANADIEN, *TRENTE ARPENTS*, 1938

Our peoples are North Americans.
We are the children of our geography, products
of the same hopes, faith and dreams.

JOHN G. DIEFENBAKER, PRIME MINISTER OF CANADA, OTTAWA, 1958

The friends of our friends are our friends.

LEO TOLSTOI, RUSSIAN WRITER AND PHILOSOPHER, *YOUTH*, 1857

Where we love is home,
Home that our feet may leave, but not our hearts.

OLIVER WENDELL HOLMES, UNITED STATES WRITER AND PHYSICIAN,
THE POET AT THE BREAKFAST TABLE, 1872

Je t'ai amené mon pays par la main
Pour le planter dans ton jardin.
Il ne faudra pas te surprendre
Qu'il pousse aussi chez le voisin.

GILLES VIGNEAULT, POÈTE ET CHANSONNIER CANADIEN, *BALISES*, 1964

If you want to understand us, you must live among us.

T. C. HALIBURTON, CANADIAN WRITER AND JURIST, *THE CLOCKMAKER,* 1836

A blade of grass is always a blade of grass,
whether in one country or another.

SAMUEL JOHNSON, BRITISH WRITER AND CRITIC,
CITED BY MRS. HESTER PIOZZI (THRALE) IN *ANECDOTES OF JOHNSON*, 1786

Ils sont venus, il n'y a pas si longtemps. D'abord, ils étaient
des Français et, parmi eux, quelques Espagnols....
De toutes races, de toutes langues, de toutes couleurs. Qu'importe!

YVES THÉRIAULT, ÉCRIVAIN CANADIEN, *LE ROI DE LA CÔTE NORD*, 1960

Dieu...n'a mis aucune barrière naturelle pour nous
séparer de nos voisins; c'est en vain que nous essayons
d'y suppléer par des barrières artificielles.

FRANÇOIS LANGELIER, HOMME D'ÉTAT ET JURISTE CANADIEN,
DANS UN DISCOURS À BOSTON, 1891

All that hitchhikin
All that railroadin
All that comin back
    to America
Via Mexican & Canadian borders.

JACK KEROUAC, UNITED STATES WRITER, *LONESOME TRAVELER,* 1960

Never look down to test the ground before
taking your next step: only he who keeps his eye fixed on
the far horizon will find his right road.

DAG HAMMARSKJÖLD, SECRETARY-GENERAL OF THE UNITED NATIONS, *MARKINGS,* 1964

Canadians are generally indistinguishable from
the Americans, and the surest way of telling the two apart
is to make the observation to a Canadian.

RICHARD STARNES, UNITED STATES JOURNALIST,
QUOTED BY GERALD CLARK IN *CANADA: THE UNEASY NEIGHBOUR*, 1965

The thing I like most are the names of all the states
of the United States. They make music and they are poetry.

GERTRUDE STEIN, UNITED STATES WRITER, *WARS I HAVE SEEN,* 1945

Canada is horizontal. Only a comparatively narrow strip
above the American border is populated. Like a layer of cream
on a jug of milk...a strip of earth and an expanse of sky.
The sky is ever sensed above Canada, untamed nature to the pole –
green sky of summer and white of winter.

ANDREI VOZNESENSKY, RUSSIAN WRITER, *NORTH COUNTRY PASSING*, 1971

Clouds like far turrets in a dream
Stand baseless in the burning sky.

ARCHIBALD LAMPMAN, CANADIAN POET, *AT THE FERRY,* 1893

Et je connais un homme à qui l'école n'a
jamais su enseigner le nationalisme, mais
qui contracta cette vertu lorsqu'il eut ressenti
dans sa chair l'immensité de son pays,
et qu'il eut éprouvé par sa peau combien furent
grands les créateurs de sa patrie.

PIERRE ELLIOTT TRUDEAU, HOMME D'ÉTAT CANADIEN
ET PLUS TARD PREMIER MINISTRE DU CANADA, *L'ASCÉTISME EN CANOT, 1944*

145

We are fortunate both in our neighbours
and in our lack of neighbours.

W. L. MACKENZIE KING, PRIME MINISTER OF CANADA, OTTAWA, 1936

Comparer les idéologies de deux pays,
c'est un peu comme scruter la forme des nuages.

JEAN TOURNON, UNIVERSITAIRE CANADIEN,
LES VALEURS IDÉOLOGIQUES COMMUNES ET DIVERGENTES, 1964

THE LAKES / LES LACS

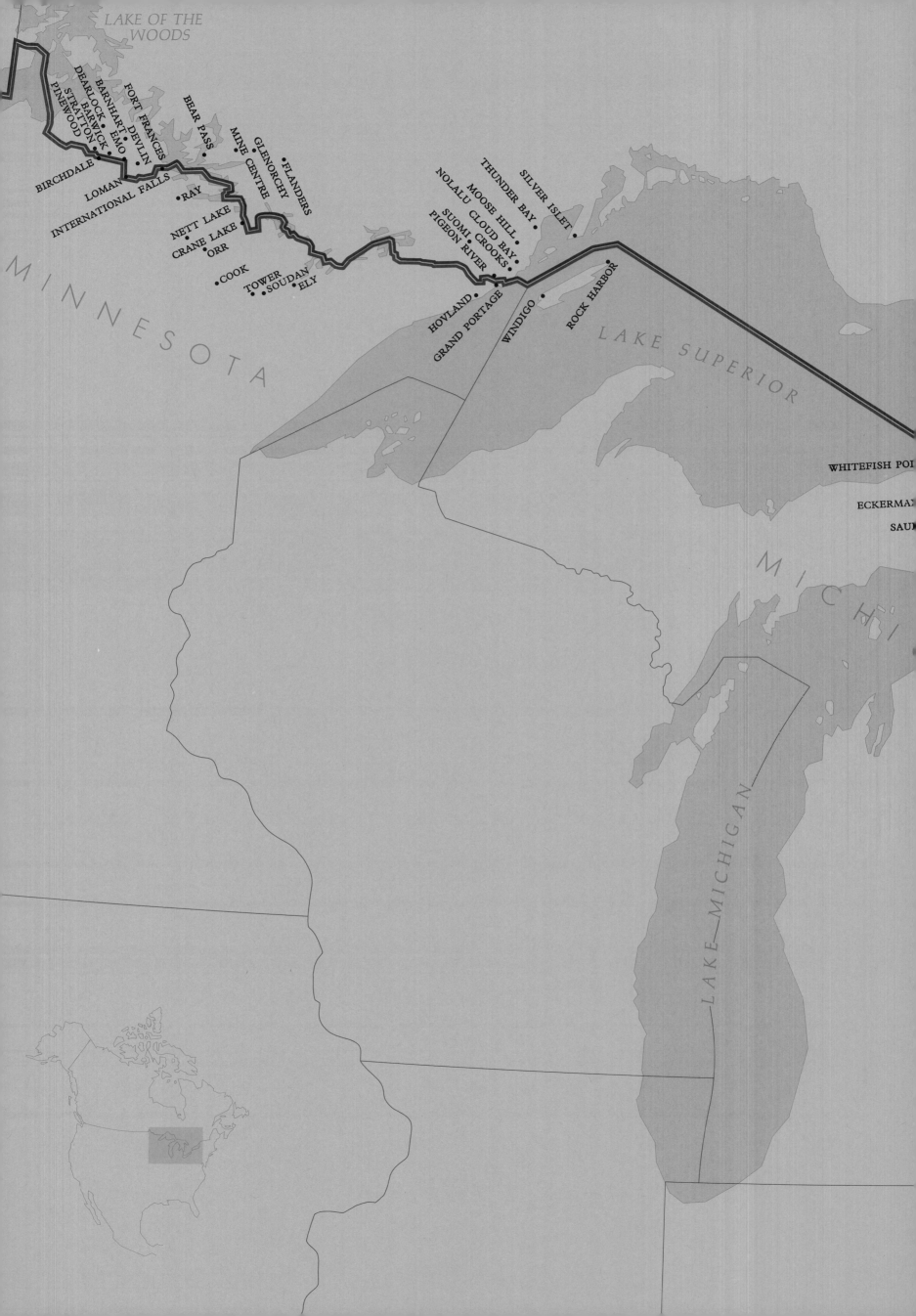

LAKE OF THE WOODS

MINNESOTA

BIRCHDALE
PINEWOOD
STRATTON
DEARLOCK
BARWICK
BARNHART
EMO
BARNHART
DEVLIN
FORT FRANCES
LOMAN
INTERNATIONAL FALLS
BEAR PASS
RAY
GLENORCHY
MINE CENTRE
FLANDERS
NETT LAKE
CRANE LAKE
ORR
COOK
TOWER
SOUDAN
ELY

HOVLAND
GRAND PORTAGE
PIGEON RIVER
SUOMI
NOLALU
CLOUD BAY
MOOSE HILL
CROOKS
THUNDER BAY
SILVER ISLET
WINDIGO
ROCK HARBOR

LAKE SUPERIOR

WHITEFISH POI
ECKERMA
SAU

MICHI

LAKE MICHIGAN

ONTARIO

BATCHAWANA
GOULAIS RIVER
SAULT STE. MARIE
GARDEN RIVER
ECHO BAY
TENBY BAY
BRUCE MINES
THESSALON
COCKBURN ISLAND
MELDRUM BAY

MARIE
RD
FORD
UR VILLAGE
DRUMMOND

GEORGIAN BAY

LAKE HURON

ATHENS
BROCKVILLE
ROCKPORT
GANANOQUE
KINGSTON
WOLFE ISLAND
ALEXANDRIA BAY
CLAYTON
DEXTER
CAPE VINCENT

LAKE ONTARIO

TORONTO

PORT HURON
MARYSVILLE
ST. CLAIR
NEW BALTIMORE
MARINE CITY
MT. CLEMENS
ALGONAC
ST. CLAIR SHORES
ROSEVILLE
SARNIA
CORUNNA
COURTWRIGHT
SOMBRA
PORT LAMBTON
WALLACEBURG

DETROIT
DEARBORN
WYANDOTTE
TRENTON
GIBRALTAR
MONROE

WINDSOR
LA SALLE
AMHERSTBURG
HARROW

YOUNGSTOWN
LEWISTON
NIAGARA FALLS
NIAGARA
TONAWANDA
BUFFALO
LACKAWANNA

NIAGARA-ON-THE-LAKE
NIAGARA FALLS
PORT COLBORNE
FORT ERIE

NEW YORK

LAKE ERIE

PENNSYLVANIA

OHIO

0   50   100 MILES
0   50   100 KILOMETRES

GM

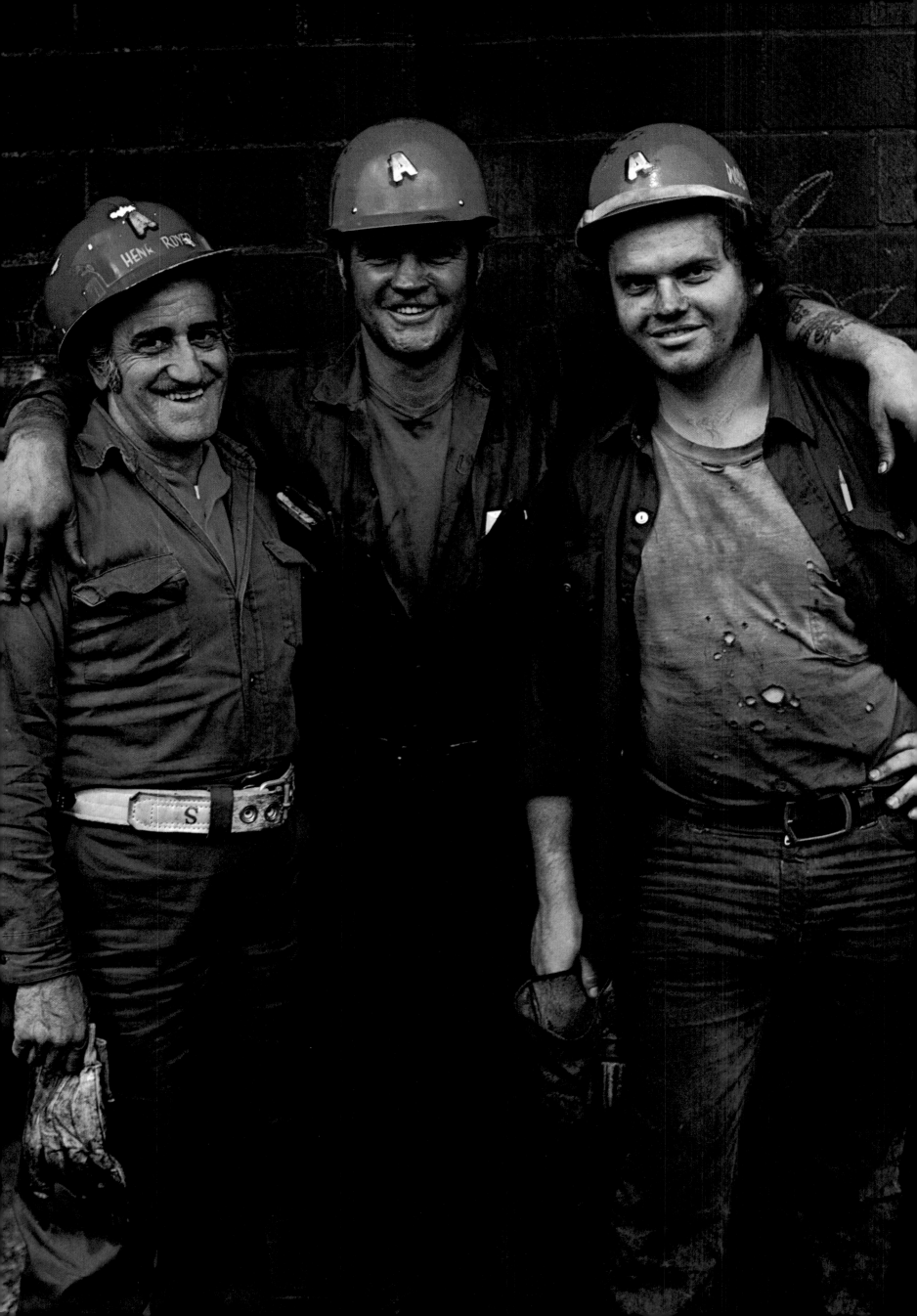

Whatever happens in any corner of the world
has some effect on the farmer in Dickinson County, Kansas,
or on a worker in a factory.

DWIGHT D. EISENHOWER, SOLDIER AND PRESIDENT OF THE UNITED STATES, WASHINGTON, D.C., 1957

Heaven is under our feet as well as over our heads.

HENRY DAVID THOREAU, UNITED STATES WRITER AND NATURALIST, *WALDEN*, 1854

America is a tune. It must be sung together.

GERALD STANLEY LEE, UNITED STATES CLERGYMAN, WRITER AND LECTURER, *CROWDS*, 1913

The youth of America is their oldest tradition.
It has been going on now for three hundred years.

OSCAR WILDE, IRISH WRITER, *A WOMAN OF NO IMPORTANCE*, 1893

"In my youth," said his father, "I took to the law,
And argued each case with my wife;
And the muscular strength, which it gave to my jaw,
Has lasted the rest of my life."

LEWIS CARROLL, BRITISH WRITER, MATHEMATICIAN AND PHOTOGRAPHER,
ALICE'S ADVENTURES IN WONDERLAND, 1865

I find the great thing in this world is not so much
where we stand, as in what direction we are moving.
To reach the port of heaven, we must sail
sometimes with the wind and sometimes against it –
but we must sail, and not drift, nor lie at anchor.

OLIVER WENDELL HOLMES, UNITED STATES WRITER AND PHYSICIAN,
THE AUTOCRAT OF THE BREAKFAST TABLE, 1858

La notion de pays, cela se porte à l'intérieur
de chacun comme la conscience.

GILLES VIGNEAULT, POÈTE ET CHANSONNIER CANADIEN,
AU SPECTACLE D'OUVERTURE DE LA SUPERFRANCOFÊTE, QUÉBEC, 1974

The public will pay more for laughing than for any other privilege.

ROBERT C. EDWARDS, CANADIAN JOURNALIST, *CALGARY EYE OPENER,* 1918

It is easier for a man to be loyal to his club
than to his planet; the bylaws are shorter, and he is
personally acquainted with the other members.

E. B. WHITE, UNITED STATES WRITER, *ONE MAN'S MEAT,* 1944

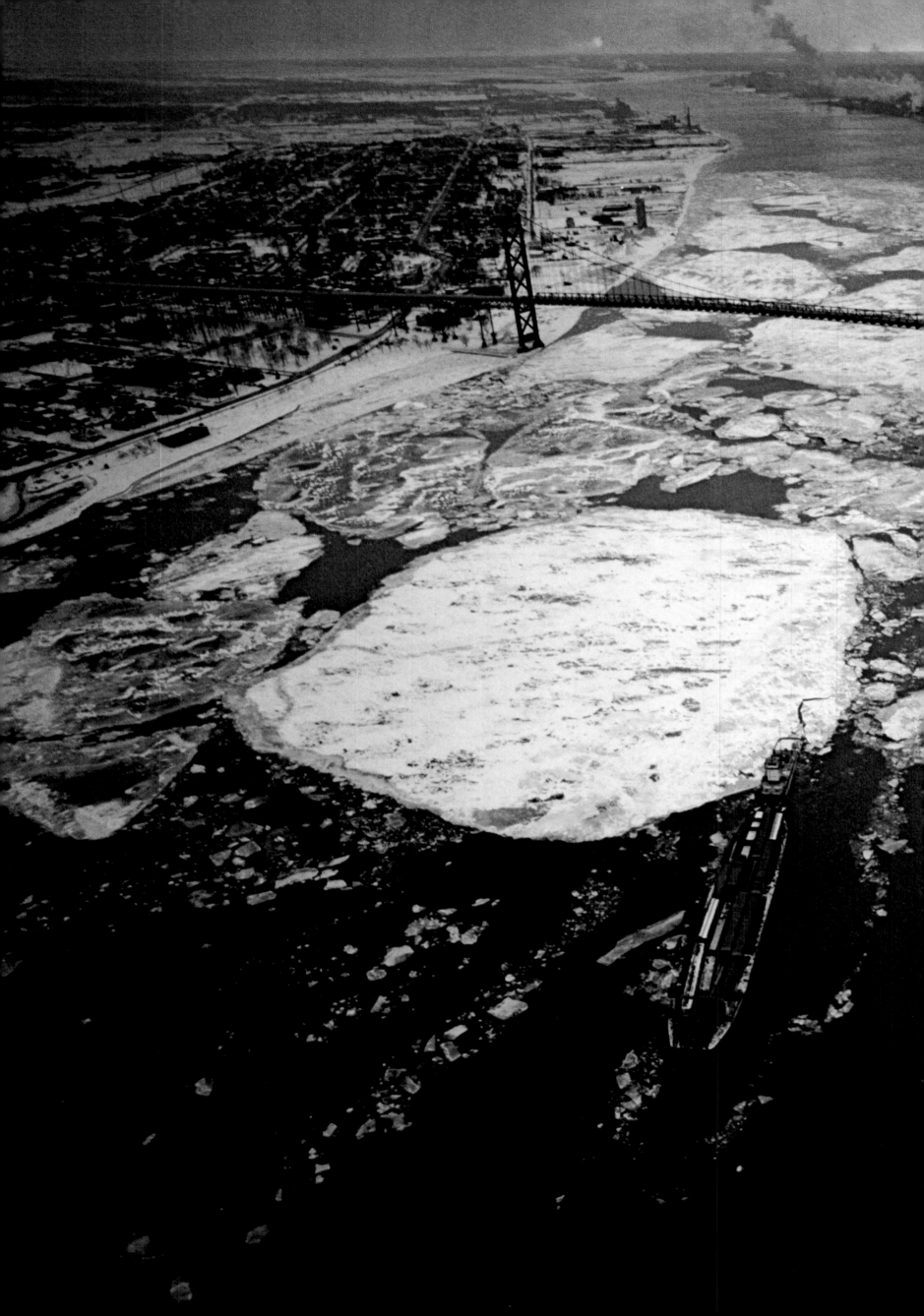

I think it's a marvellous thing.
Not for myself, for Canada. For Canada!

PAMELA ANNE GORDON, CANADIAN MODEL,
ON BEING CHOSEN PLAYMATE OF THE MONTH, PLAYBOY MAGAZINE, 1962

We have found a way of discussing our differences in a friendly way.

RICHARD NIXON, PRESIDENT OF THE UNITED STATES, OTTAWA, 1972

On sait la fierté des gens à retracer dans leur ascendance
le moindre personnage qui n'ait pas été seulement un habitant,
mais un pionnier, ou un sergent, ou même un notaire.

MARCEL TRUDEL, ÉCRIVAIN ET HISTORIEN CANADIEN, *VÉZINE*, 1946

We share common values from the past...common aspirations
for the future, our future, and indeed the future of all mankind.

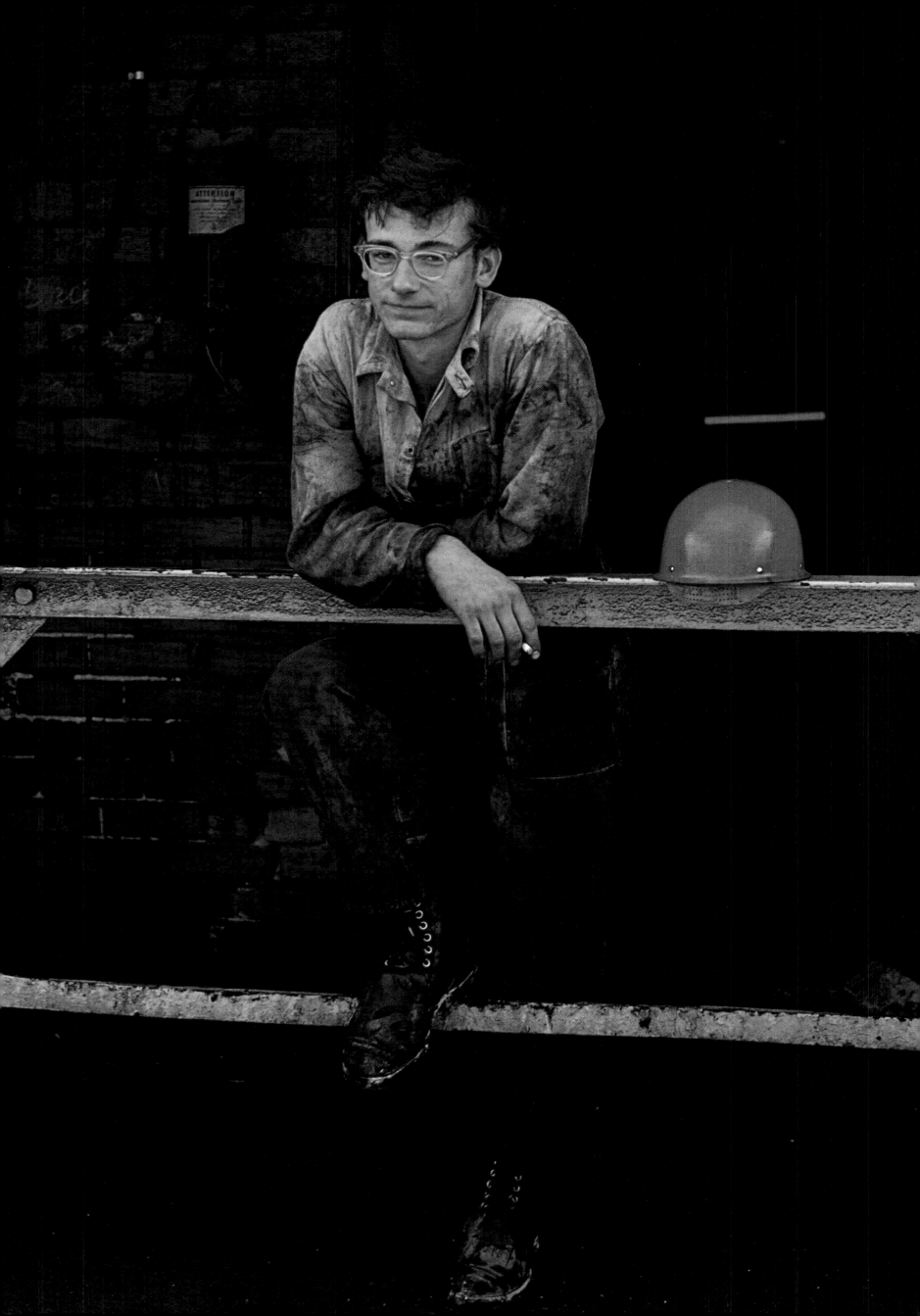

Our frontier has long been immune from conflict,
it is true, but it has suffered grievously from the effects
of rhetoric...some of the realities have been obscured
by the clouds of oratory which hang over this famous border.
It has long been undefended, but realists have observed
that the disparity of population has made armaments for one
country futile and for the other superfluous.

VINCENT MASSEY, GOVERNOR GENERAL OF CANADA, *ON BEING CANADIAN*, 1948

To view Niagara Falls one day,
A parson and a tailor took their way;
The parson cried whilst wrapped in wonder,
And listening to the cataract's thunder,
Lord! how thy works amaze our eyes,
And fill our hearts with vast surprise –
The tailor merely made this note –
Lord! what a place to sponge a coat!

ANON., *TABLE ROCK ALBUM*, 1859

Go and stand anywhere along the Niagara-Buffalo
border at holiday time – Fourth of July or First of July,
either one, they're all one to us. Here are the
Stars and Stripes and the Union Jacks all mixed together
and the tourists pouring back and forth over the
International Bridge, immigration men trying in vain
to sort them out; Niagara mingling its American and
Canadian waters and its honeymoon couples.

STEPHEN LEACOCK, CANADIAN WRITER AND ECONOMIST,
IN AN ADDRESS AT IVY LEA BRIDGE DEDICATION CEREMONIES, 1938

Canada and the United States have reached the point
where we no longer think of each other as "foreign" countries.
We think of each other as friends.

HARRY S. TRUMAN, PRESIDENT OF THE UNITED STATES, OTTAWA, 1947

Les siècles sont les années des nations,
et c'est être encore jeune que de ne compter
que quelque deux cents ans d'existence.

GILBERT MIVILLE DÉCHÈNE, AVOCAT ET HOMME POLITIQUE CANADIEN,
DANS UN DISCOURS À PROVIDENCE, RHODE ISLAND, 1895

What is the difference between
Dominion Day and Independence Day,
between the First of July and the Glorious Fourth?
... not much – only 48 hours.

JAMES EAYRS, CANADIAN WRITER AND POLITICAL ECONOMIST,
CANADIANISM: BACK AND FORTH ON THE NATIONAL SWING, 1975

The pride, the grand poem
of our land, of the earth itself,
will come.

JOHN NEWLOVE, CANADIAN POET, *THE PRIDE*, 1968

THE EAST / L'EST

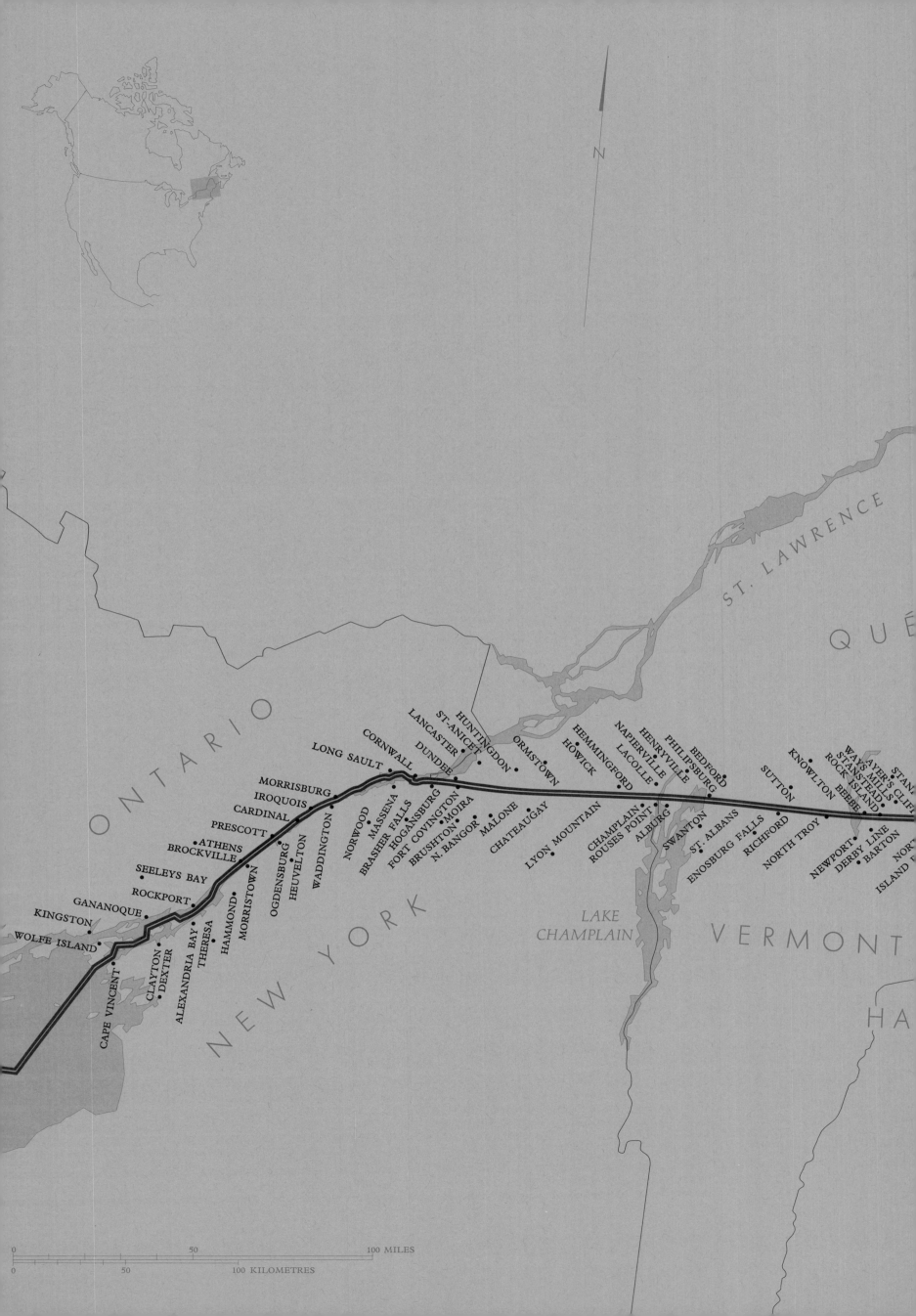

ST. LAWRENCE

QUÉ

ONTARIO

NEW YORK

VERMONT

HA

LAKE
CHAMPLAIN

N

HUNTINGDON
ST-ANICET
LANCASTER
CORNWALL
DUNDEE
ORMSTOWN
HOWICK
HEMMINGFORD
NAPIERVILLE
LACOLLE
HENRYVILLE
PHILIPSBURG
BEDFORD
KNOWLTON
SUTTON
AYER'S CLIFF
WAYS MILLS
STANSTEAD
ROCK ISLAND
BEEBE
STAN

LONG SAULT
MORRISBURG
IROQUOIS
CARDINAL
PRESCOTT
ATHENS
BROCKVILLE
SEELEYS BAY
ROCKPORT
GANANOQUE
KINGSTON
WOLFE ISLAND
CLAYTON
DEXTER
ALEXANDRIA BAY
THERESA
HAMMOND
MORRISTOWN
OGDENSBURG
HEUVELTON
WADDINGTON
NORWOOD
MASSENA
BRASHER FALLS
HOGANSBURG
FORT COVINGTON
MOIRA
BRUSHTON
N. BANGOR
MALONE
CHATEAUGAY
LYON MOUNTAIN
CHAMPLAIN
ROUSES POINT
ALBURG
SWANTON
ST. ALBANS
ENOSBURG FALLS
RICHFORD
NORTH TROY
NEWPORT
DERBY LINE
BARTON
NORT
ISLAND P

CAPE VINCENT

0   50   100 MILES

0   50   100 KILOMETRES

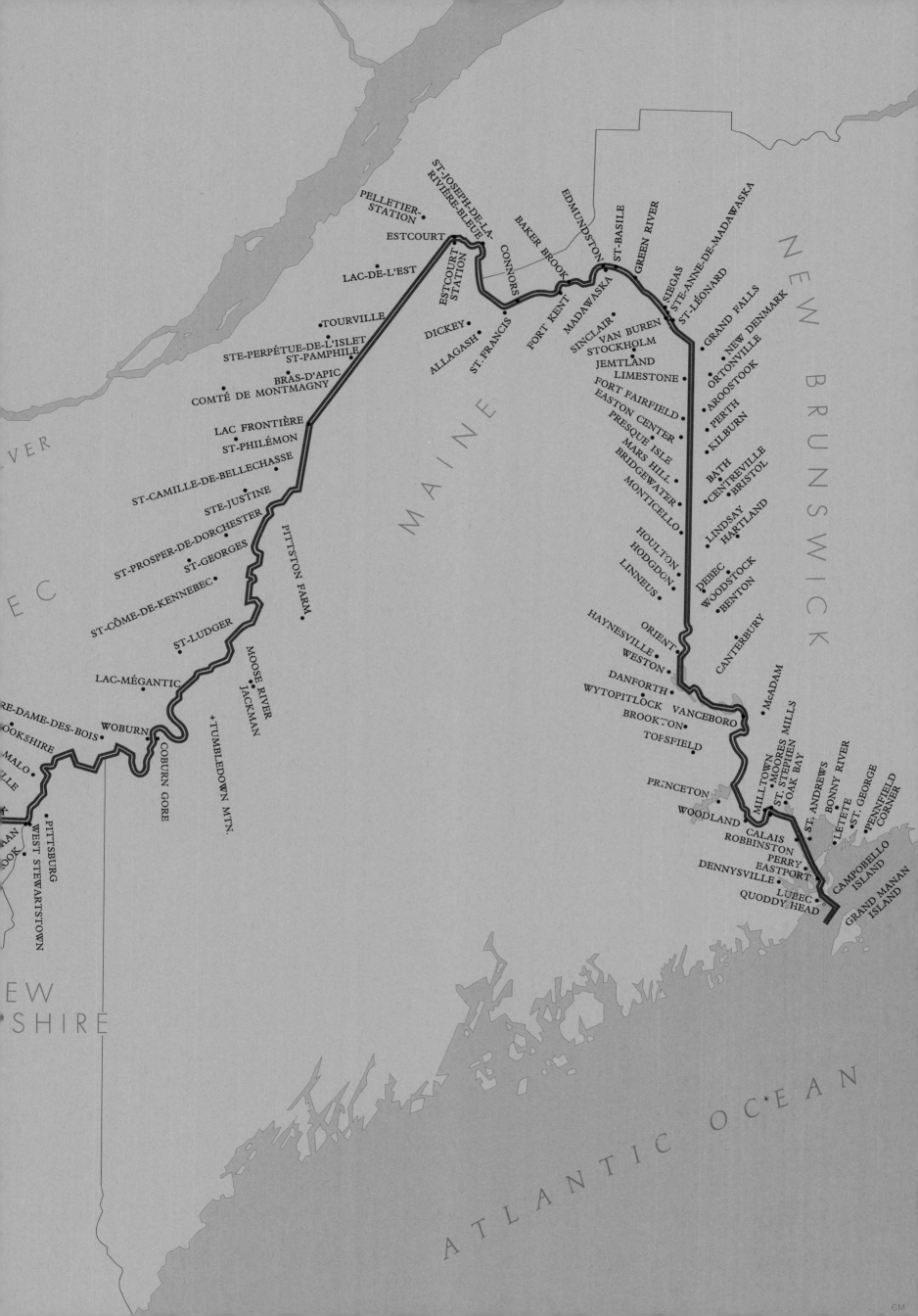

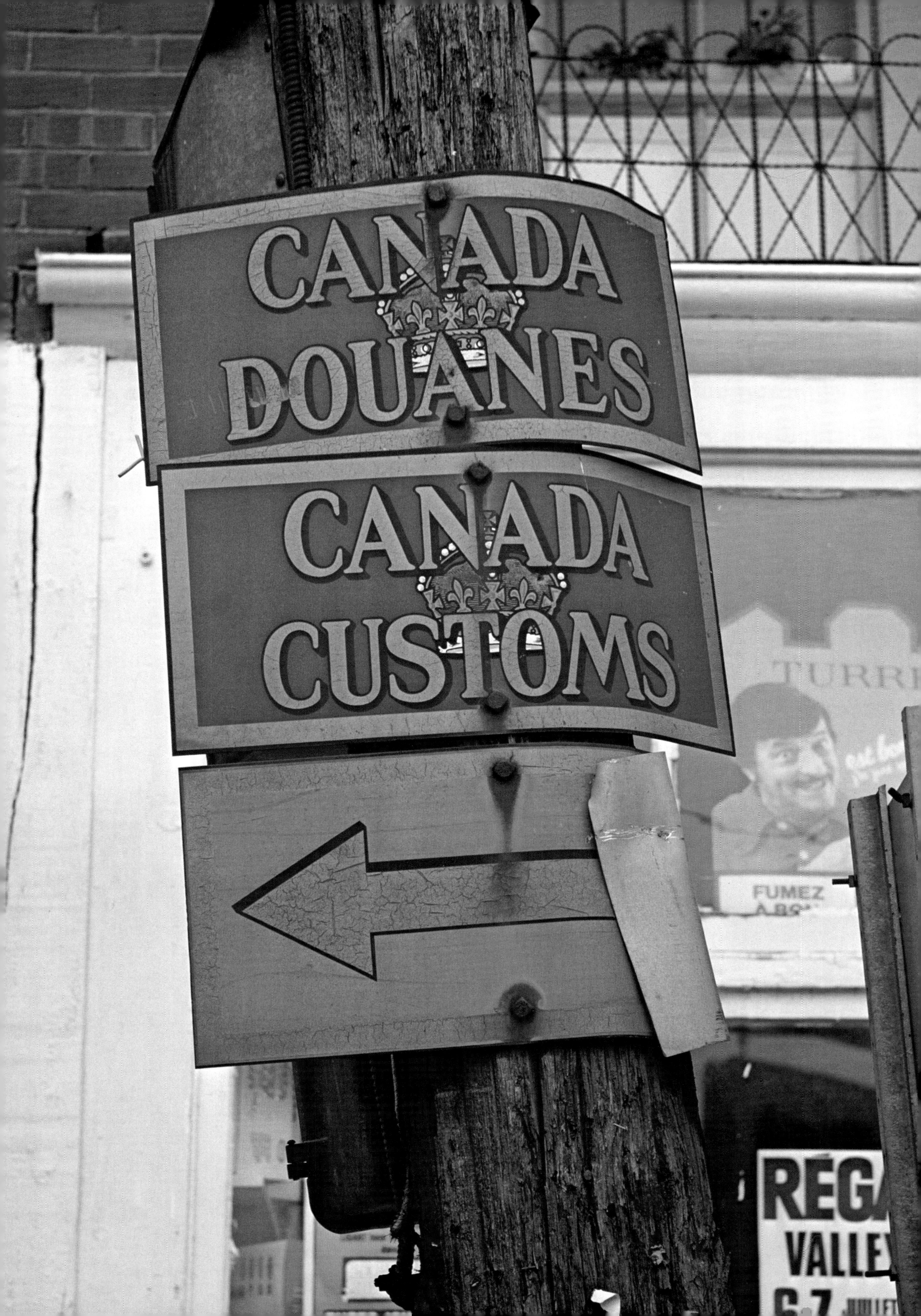
CANADA
DOUANES
CANADA
CUSTOMS
FUMEZ

By an odd chance, the forty-ninth parallel,
an astronomical line, turned out to *mean* something.

STEPHEN LEACOCK, CANADIAN WRITER AND ECONOMIST,
MY DISCOVERY OF THE WEST, 1937

Canada is clean, healthy, young, polite, unspoiled
and, as I say, just upstairs.

HORACE SUTTON, UNITED STATES WRITER, *FOOTLOOSE IN CANADA,* 1950

For many years the conviction of interchangeable citizenship,
or no citizenship at all, persisted. Even today, with
customs and immigration patrols grimly awaiting a misstep,
border residents regard "the line" as merely a nuisance
which slightly delays their arrival at Saturday night dances.

JOSEPH KINSEY HOWARD, UNITED STATES WRITER,
STRANGE EMPIRE: A NARRATIVE OF THE NORTHWEST, 1952

The whisper
of shape
or the colour
of quiet
against no
boundaries.

MIRIAM WADDINGTON, CANADIAN POET, *LITTLE PICTURES,* 1975

La frontière n'est pas loin; tout au plus quelques
heures de marche, et vous voilà à l'aboutissant des routes
de la province de Québec et de l'ancienne Acadie.

RODOLPHE LEMIEUX, AVOCAT ET HOMME D'ÉTAT CANADIEN,
DANS UN DISCOURS À WATERVILLE, MAINE, 1907

When you look at the map and you see a great frontier line,
stretching over 3,600 miles...you scratch your head
and say, "Well, what is defending it?" Nothing but the sound
common sense, the sound goodwill of two practical nations.

DAVID BEATTY, BRITISH ADMIRAL, IN AN ADDRESS IN TORONTO, 1921

Ils n'ont pas vécu en vain ceux qui
sont venus avant nous, puisque nous sommes ici.

YVES THÉRIAULT, ÉCRIVAIN CANADIEN, *AARON*, 1954

Il y a si grant numbre d'ouaiseaulx que c'est
une chose incréable qui ne le voyt et ladite ysle en estoient
aussi très plaine qu'ung pré de herbe.

JACQUES CARTIER, MARIN ET EXPLORATEUR FRANÇAIS,
DANS LE RÉCIT DE SON PREMIER VOYAGE AU CANADA, 1534

La nationalité, selon nous, n'est pas seulement dans l'originalité
des moeurs et des manières, dans la langue, dans la religion;
elle est encore beaucoup dans la chronique d'un peuple, dans ses
légendes, dans ses traditions, dans ses souvenirs.

LOUIS-OLIVIER LETOURNEUX, JURISTE CANADIEN,
LA SOCIÉTÉ CANADIENNE, 1845

The United States themselves are essentially the greatest poem....
Here at last is something in the doings of man
that corresponds with the broadcast doings of the day and night.

WALT WHITMAN, UNITED STATES POET, *LEAVES OF GRASS*, 1855

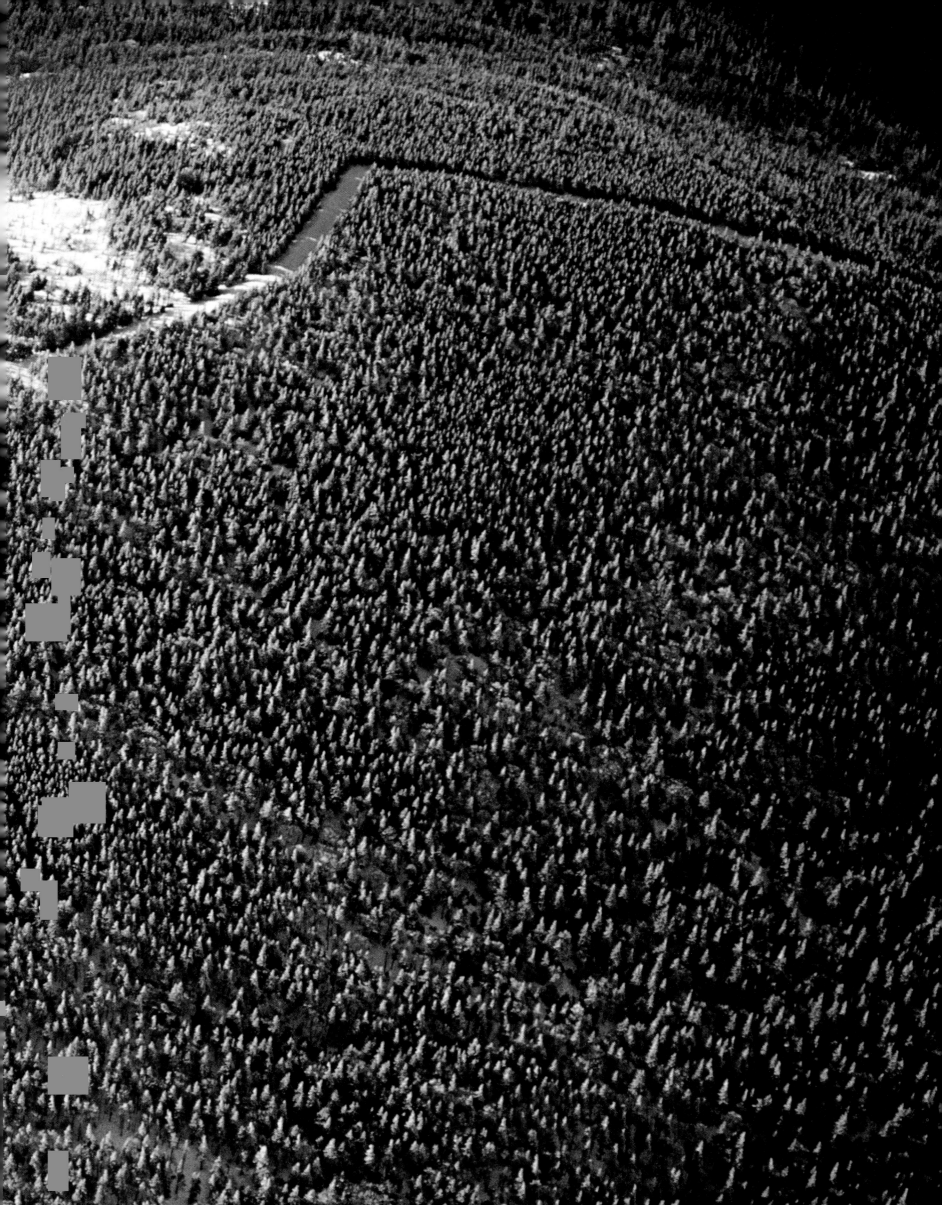

Nous avons combattu pour l'Union et pour la démocratie afin
que sur cette terre d'Amérique, il soit reconnu et admis qu'il y a plus
de noblesse dans le travail honnête que dans les titres et les
clinquants du grand seigneur qui croit se déshonorer en travaillant.

HENRI CÉSAIRE SAINT-PIERRE, AVOCAT CANADIEN, SOLDAT DANS L'ARMÉE NORDISTE (1861-1865),
DANS UN DISCOURS À RICHFORD, VERMONT, 1900

La confiance est telle entre les deux Etats qu'à Rock Island
un homme peut, sans sortir du même bâtiment, se faire couper les cheveux
au Canada et se faire cirer les chaussures aux Etats-Unis.

ANDRÉ PATRY, UNIVERSITAIRE CANADIEN,
LA DUALITÉ CANADIENNE ET LES RELATIONS CANADO-AMÉRICAINES, 1964

You can disagree without being disagreeable.

GERALD R. FORD, PRESIDENT OF THE UNITED STATES, WASHINGTON, D.C., 1974

Tout être, individuel ou collectif, protège son identité
de diverses façons. C'est à cela que servent les pelures,
les cosses, les écorces, les fourrures, les écales
et les écoles. C'est à cela que servent les frontières.

FRÈRE UNTEL (JEAN-PAUL DESBIENS), ÉDUCATEUR ET ESSAYISTE CANADIEN,
DANS UN ÉDITORIAL, LA PRESSE, 1971

Vos rivières coulent sur notre territoire,
nos rivières coulent sur le vôtre.

WILFRID LAURIER, PREMIER MINISTRE DU CANADA,
DANS UN DISCOURS À BOSTON, 1891

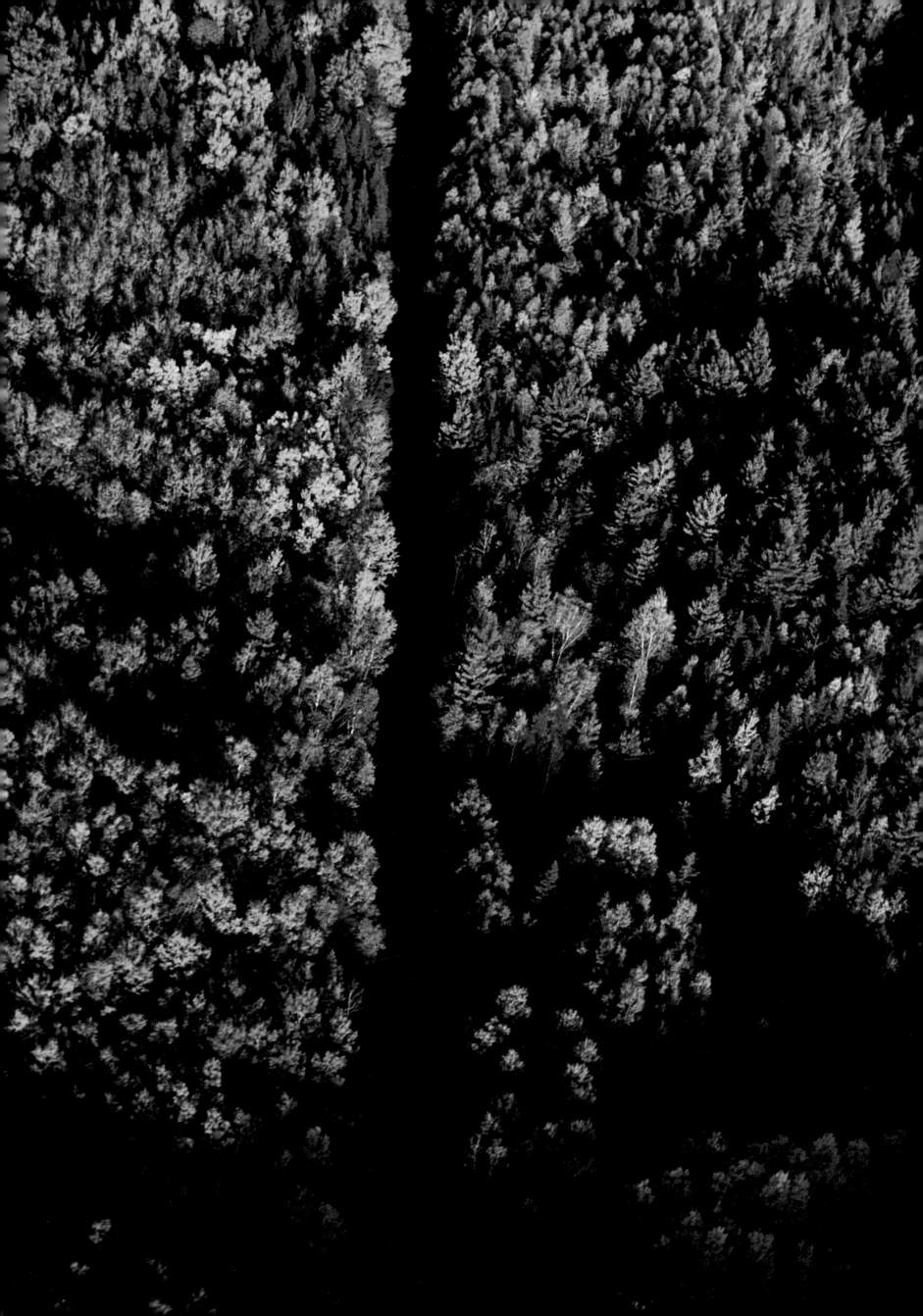

On y va sans encombre, à peu près sans formalités,
par-dessus une frontière que l'on ne perçoit guère qu'à
la différence de prix des cigarettes.

MAURICE GENEVOIX, ÉCRIVAIN FRANÇAIS, *CANADA*, 1945

In Canada we have enough to do keeping up with
the two spoken languages without trying to invent slang,
so we just go right ahead and use English for literature,
Scotch for sermons and American for conversation.

STEPHEN LEACOCK, CANADIAN WRITER AND ECONOMIST, *HOW TO WRITE,* 1943

Le Canada n'a qu'un seul voisin,
les Etats-Unis, mais quel voisin!

ANDRÉ SIEGFRIED, HOMME DE LETTRES FRANÇAIS,
LE CANADA, PUISSANCE INTERNATIONALE, 1937

In the field of world policy, I would dedicate
this nation to the policy of the good neighbor.

FRANKLIN D. ROOSEVELT, PRESIDENT OF THE UNITED STATES, WASHINGTON, D.C., 1933

Four and twenty Yankees, feeling very dry,
Went across the border to get a drink of rye.
When the rye was opened, the Yanks began to sing,
"God bless America, but God save the King!"

ANON., QUOTED IN *A KING'S STORY: THE MEMOIRS OF THE DUKE OF WINDSOR*, 1951

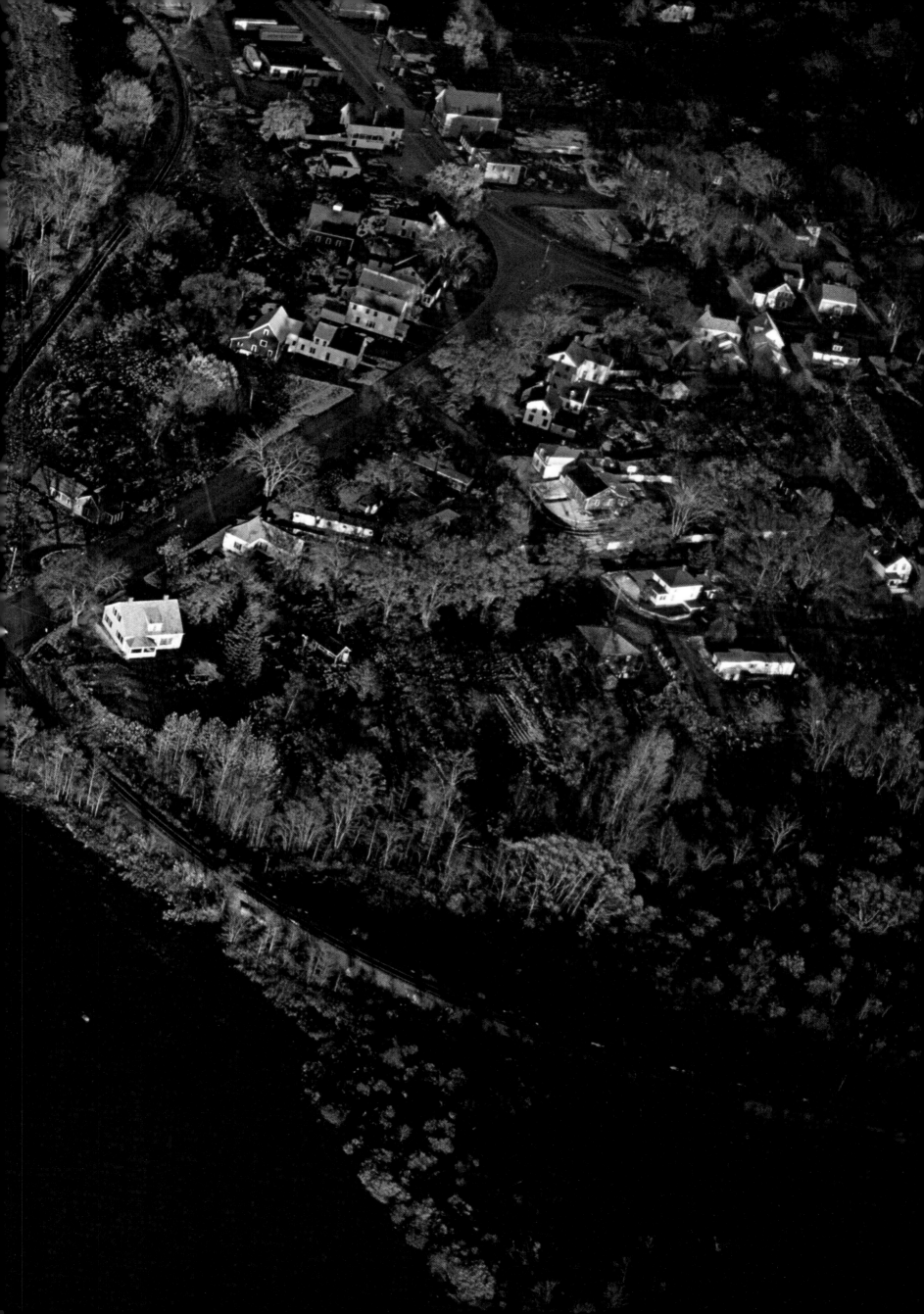

Ideals are like stars; you will not succeed in touching
them with your hands. But like the seafaring man on the
desert of waters, you choose them as your guides,
and following them you will reach your destiny.

You must have plenty of sea-room to tell the truth in.

HERMAN MELVILLE, UNITED STATES WRITER, *HAWTHORNE AND HIS MOSSES*, 1850

PLATE NOTES

1

DEMARCATION POINT, ALASKA/YUKON
PAUL VON BAICH

The aluminium-bronze international boundary marker was placed on the shore of the Arctic Ocean in 1912. The boundary between Canada and the United States, in the far northwest, is the 141st meridian, a line agreed upon in 1867 when the United States bought what is now the state of Alaska from Russia, and accepted the territory as it had been defined in 1825 by Russia and England.

2/3

THE BOUNDARY MOUNTAINS, ALASKA/BRITISH COLUMBIA
PAUL VON BAICH

A few miles north of the Gulf of Alaska, where the 141st meridian crosses Mount St. Elias, the Canada-United States boundary cuts sharply to the east to define the Alaska Panhandle. According to treaties, it follows the "summit of the mountains situated parallel to the coast" and includes the St. Elias Range and the Boundary Range. In the photograph, British Columbia is in the foreground. The peak of Four Winds Mountain, in the Boundary Range, in the distance, is in Alaska.

4

HAINES, ALASKA
PAUL VON BAICH

Corporal Walter Ormasen of the Alaska State Troopers. Haines, where Corporal Ormasen is stationed, is a lumber and fishing city in the Alaska Panhandle, 30 miles (48.5 km) south of Skagway and about 75 miles (121 km) northwest of the city of Juneau, the capital of the state.

5

LITTLE GOLD CREEK, YUKON/POKER CREEK, ALASKA
PAUL VON BAICH

This Canada Customs shield received its dusting of frost in mid-September. Little Gold Creek-Poker Creek is an Alaska-Yukon border-crossing point west of Dawson City, Yukon.

6/7

LITTLE GOLD CREEK, YUKON/POKER CREEK, ALASKA
PAUL VON BAICH

In the Alaska and Yukon interiors, summer lasts for about 3 months; spring and autumn are violent transitions, and it is winter for the rest of the year. Deciduous plants burst into full foliage in less than a week and lose their leaves more quickly than that.

8

KOIDERN, YUKON
PAUL VON BAICH

The White River, a tributary of the Yukon River, in the western part of the Yukon Territory. Each spring, when the ice breaks up, the river cuts new channels through its own deposits of glacial sediment. One year canoeists may mark a portage-free route, and the next year it will be filled in.

9

DAWSON, YUKON
PAUL VON BAICH

Mr. Charlie Isaac. Mr. Isaac's father was Chief Isaac of the Kutchins. Mr. Isaac is taking part, with some Alaska Boy Scouts, in a Discovery Day Parade. Discovery Day is an annual holiday commemorating the date – August 17, 1896 – when gold was discovered at nearby Rabbit (later called Bonanza) Creek. The flag in the centre is the Yukon flag.

10/11

LITTLE GOLD CREEK, YUKON/POKER CREEK, ALASKA
PAUL VON BAICH

In 1898, two years after the discovery of the gold at Rabbit Creek that precipitated the Klondike Gold Rush, the Yukon Act made the Yukon into a separate territory. Dawson was the original administrative centre, but in 1956 administrative headquarters were moved to Whitehorse. In area, the Yukon is slightly smaller than the province of Alberta or the state of Texas. The population of the territory is about 19,000. In 1900 the population of the city of Dawson alone was 30,000.

12

BIG BOULDER CREEK, ALASKA
PAUL VON BAICH

Mr. and Mrs. David Woodring. The Woodrings have a 5-acre (2.02-ha) farm at Big Boulder Creek, where they raise pigs, goats, ponies and chickens, and grow strawberries, raspberries and blackberries. As well, they have been experimenting with Manchurian apricots, Mongolian plum trees and dwarf cherry trees. To prepare land for cultivation, they first fence off a plot and turn the goats into it to clear away the scrub. Next, the pigs are sent in to turn the soil. Then planting can begin.

13

BEAVER CREEK, YUKON
PAUL VON BAICH

Ms. Freda Livesey. Ms. Livesey writes a column for the *Whitehorse Star* and, with her husband, runs Livesey's Hi-way Services, a general store and gas station at Mile 1201 on the Alaska Highway. Mile numbers serve as addresses in most parts of Alaska and the Yukon. Mile 0 on the Alaska Highway is in Dawson Creek, British Columbia.

14

DAWSON, YUKON
PAUL VON BAICH

The Twilight Express runs from Whitehorse north to Dawson, and back, twice weekly in winter, three times in summer. The 333-mile (536-km) trip takes about 7 hours when the conditions are good.

15

SIXTYMILE ROAD, YUKON
PAUL VON BAICH

Sixtymile Road takes its name from Sixtymile River, which it parallels for a short distance. Sixtymile River was given its name because it flows into the Yukon River just 60 miles (97 km) upstream from the site of the frontier outpost at Fort Reliance. Many of the users of Sixtymile Road are travelling to or from the asbestos mine at Clinton Creek.

16

MILE 92, HAINES HIGHWAY, BRITISH COLUMBIA
PAUL VON BAICH

Mr. Jörg Hofer (centre), his wife, Liz, and his trapping assistant. Mr. Hofer's trap-line leases extend west from the Haines Highway to the St. Elias Mountains, and north to the British Columbia-Yukon border, covering an area half the size of Switzerland. Traps in this part of Canada bring in martin, wolverine and lynx.

17

NEAR HAINES HIGHWAY, BRITISH COLUMBIA
PAUL VON BAICH

Mile 0 on the Haines Highway is in Haines, Alaska. The Highway is not paved. There have been, from time to time, proposals, unofficially made, to re-route part of the road in the hope of eliminating stretches of it that now require a great deal of maintenance.

18/19

HAINES HIGHWAY, BRITISH COLUMBIA
PAUL VON BAICH

Mr. Ted Christiansen (left) and Mr. Kenneth Henry Johnson. Both men work with a maintenance crew on the Haines Highway, which runs the 159 miles (256 km) north from Haines, Alaska, through the northwest corner of the province of British Columbia, to the town of Haines Junction, Yukon Territory.

20

KLUKWAN VILLAGE, ALASKA
PAUL VON BAICH

Klukwan Village, half a mile (0.8 km) off the Haines Highway, and 50 miles (80 km) south of the Chilkat Pass, is inhabited virtually entirely by the Chilkats, after whom the pass is named. The Chilkats are a division of the Tlingits. During the 18th and 19th centuries, they opposed the establishment of fur-trade posts in the Yukon partly because they had long been experienced traders themselves, partly because they feared disruption of their permanent villages. In 1852 they burned Fort Selkirk, a Hudson's Bay Company post at the junction of the Yukon and Pelly Rivers. The Chilkats were experts at the making of ceremonial mountain-goat wool blankets of complex and subtle design. The Tagish, who are Canadian Tlingits, now live in British Columbia and the Yukon. The Chilkats live in Alaska.

21

COAST MOUNTAINS, ALASKA/BRITISH COLUMBIA
PAUL VON BAICH

Taken during a flight from Whitehorse, Yukon, across the border to Juneau, Alaska. The province of British Columbia contains two major mountain systems: the Rocky Mountains, in the east, and the Coast Mountains, from the Yukon border, along the Alaska Panhandle and south nearly as far as Vancouver, in the west. The British Columbia-Alaska border is about 825 miles (1328 km) long, and much of it runs through the Coast Mountains. The rainbow effect in this photograph is caused by the passage of light rays through the layers of the aircraft window and then through the camera's polarizing filter.

22/23

GRAHAM ISLAND, QUEEN CHARLOTTE ISLANDS, BRITISH COLUMBIA
DANIEL CONRAD

The Queen Charlottes are a group of 150 islands off the north coast of British Columbia. Graham Island and Moresby Island are the largest of them. They are separated from the mainland of Canada by Hecate Strait, 40 miles (64 km) across, and from the southern tip of the Alaska Panhandle by Dixon Entrance, also 40 miles (64 km) across.

24

SIXTYMILE ROAD, YUKON
PAUL VON BAICH

This building, near Dawson, serves as an emergency shelter for road crews and stranded travellers. The drum contains stove oil.

25

CHILKOOT PASS, ALASKA/YUKON
PAUL VON BAICH

Mr. Joseph Bucklin, Mr. James Fordyce, Sr., and Mr. James Fordyce, Jr. Mr. Bucklin is from Boise, Idaho; the Messrs. Fordyce are from Whitehorse, Yukon. They are descending the Alaska side of the Chilkoot Pass in July. Chilkoot Pass, in the Coast Mountains north of Skagway, reaches an elevation of 3,700 feet (1130 m). It was used by thousands of potential prospectors on their way to the Klondike in the Yukon gold-rush of 1896-1898.

26/27

SIXTYMILE ROAD, YUKON
PAUL VON BAICH

Looking toward Alaska in mid-September. The yellow trees are trembling aspen; the green ones, white spruce.

28

HAINES HIGHWAY, ALASKA
PAUL VON BAICH

Mr. Jim Kasner. Mr. Kasner is from Seal Rock, Oregon, a small town on the Pacific Coast of the United States. Here, he is at Mile 33 on the Haines Highway.

29

HAINES JUNCTION, YUKON
PAUL VON BAICH

Mr. Lloyd Cudmore. Mr. Cudmore is a transport driver from Whitehorse. Haines Junction is the point where the road north from Haines, in the Alaska Panhandle, meets the Alaska Highway, in the Yukon Territory. What is now the Haines Highway has been a trading route for many years. The Chilkats used it in their role as traders between the coastal tribes and the tribes of the interior.

30/31

LITTLE GOLD CREEK, YUKON/POKER CREEK, ALASKA
PAUL VON BAICH

Little Gold Creek is about 69 miles (111 km) west of Dawson. Poker Creek is about 50 yards (45.7 m) west of Little Gold Creek. The only building at Little Gold Creek is the Canada Customs Station. It has offices and living quarters for the officer on duty, who closes the border at 9:00 p.m., opens it at 9:00 a.m., daily, and is given 4 days of relief after every 10 days of work. Because the road becomes impassable in winter, Little Gold Creek is closed between late October and early May.

32

NEAR EAGLE, ALASKA
PAUL VON BAICH

An aerial photograph of the boundary along the 141st meridian between Alaska and the Yukon Territory. The Yukon River is in the background. Where the United States-Canada boundary passes through forests and brush, the International Boundary Commission—one commissioner from each country, each with his own staff—maintains a 10-foot (3.05-m) cleared vista on either side. This portion of the Alaska-Yukon boundary was first surveyed in the winters of 1887 and 1895 by William Ogilvie. Ogilvie brought his surveying equipment up the frozen Yukon River on a dog sled. He could not heat his log observatory because heat waves would have distorted his lunar observations. Later telegraphic surveys confirmed that his work was accurate to within one half-second in determining Greenwich Mean Time. Ogilvie later became Commissioner of the Yukon and wrote two books on the Territory and the gold finds there.

33

GRAHAM ISLAND, QUEEN CHARLOTTE ISLANDS, BRITISH COLUMBIA
DANIEL CONRAD

Approximately 1500 of the 5000 permanent residents of the Queen Charlottes are Haidas. The Haidas of the early 19th century were the 'Vikings of the Pacific' and there were at least 8000 of them living on the islands. Today they and many of the other islanders derive their incomes principally from fishing, mining and lumbering. Some of the residents of the Queen Charlottes are people who have moved there from other parts of Canada, and from the United States, in search of solitude.

34

WRANGELL MOUNTAINS, ALASKA/BRITISH COLUMBIA
PAUL VON BAICH

Mr. Carl Gustafson. The Wrangell Mountains rise in the background, just beyond the junction of the Rohn and the Nizina Glaciers. Mr. Gustafson spends his summers surveying the boundary for the International Boundary Commission. Although one misstep along these mountain ridges might cause a person to drop hundreds of feet to the glacier below, Mr. Gustafson has been known to run along the ridges carrying a 60-lb. (27-kg) rock drill on his back.

35

NEAR HAINES JUNCTION, YUKON
PAUL VON BAICH

Mr. Paul McGinnis and Mr. D. B. Thompson. Messrs. McGinnis and Thompson are repairing lines for Canadian National Telecommunications.

36 (LEFT)

BENNETT, BRITISH COLUMBIA
PAUL VON BAICH

Mr. J. D. True. Mr. True is an engineer on the White Pass and Yukon Route railway. The 'White Pass' carries passengers and freight, all year round, over narrow gauge track, between Skagway, Alaska, and Whitehorse, in the Yukon. The Skagway-Whitehorse run is 111 miles (179 km) and it takes 6 hours and 15 minutes. Passengers get off the train to have lunch in a 600-seat station dining-room at Bennett. Mr. True's part of the run is from Skagway, crossing the boundary at White Pass, to Bennett, where he changes trains, and returns the same day to Skagway.

36 (RIGHT)

WHITEHORSE, YUKON
PAUL VON BAICH

Ms. Andrea Davidson. Ms. Davidson is a singer, a dancer and an actress. Her husband is a piano-player. In the summer they perform in Dawson, at Diamond Tooth Gertie's. Ms. Davidson is shown in Whitehorse during *Rendezvous*, an annual week-long celebration in February that attracts participants from both sides of the border.

37

HAPPY CAMP, BRITISH COLUMBIA
PAUL VON BAICH

Ms. Ellen Rosenberg (right), her mother, and her daughter. The photograph was taken in July, near the Chilkoot Pass, at the Alaska-British Columbia border.

38/39

HAINES HIGHWAY, BRITISH COLUMBIA
PAUL VON BAICH

Drivers on the Haines Highway near the Chilkat Pass keep their headlights on at all times, not so much to help them see as to help them be seen. The posts are there to mark the route during periods of very deep snow.

40

PLEASANT CAMP, BRITISH COLUMBIA
PAUL VON BAICH

Mr. John Morris and Ms. Lorna Hoover of Ketchikan, Alaska (left) and Mr. Don E. Hess and Mr. Pete Allen of Haines. Pleasant Camp, at Mile 42 on the Haines Highway, is a border-crossing point between British Columbia and Alaska.

41

WHITEHORSE, YUKON
PAUL VON BAICH

Mr. Jim Murdoch and his wife, Debbie (right and centre). Mr. Murdoch directs, and performs in, *Frantic Follies*, a revue of songs, dances, skits, bagpipe music, recitations from Robert W. Service, and duets on the musical saw. The revue is put on in the summer in Whitehorse by a company of 12 performers, one of whom is Debbie Murdoch.

42/43

MILE 1221, ALASKA HIGHWAY
PAUL VON BAICH

The Kiwanis International District that set up this peace marker includes Oregon, Washington, British Columbia, the Yukon and Alaska, and is the only Kiwanis District in North America whose territory crosses the international border.

44

EAGLE, ALASKA
PAUL VON BAICH

Eva – the young woman would give only "Eva" as her name. Eagle lies about 340 miles (544 km) north of the Gulf of Alaska, on the Yukon River, at the Yukon Territory line. No road crosses from Eagle into Canada.

45

YUKON/ALASKA BORDER
PAUL VON BAICH

St. Elias Mountains. The peaks in the background are in Alaska; the foreground of the picture is in the Yukon. The St. Elias Mountains extend from southeastern Alaska, across the southwestern part of the Yukon, across northwestern British Columbia, and back into Alaska at the top of the Panhandle.

46/47

CHILKOOT PASS, ALASKA/BRITISH COLUMBIA
PAUL VON BAICH

Chilkoot Pass in summer. Alaska is in the foreground; British Columbia is on the left and, through the clouds, on the right, in the background. The marker in the centre is a trail marker that indicates the summit of the pass.

48

NEAR SQUAW CREEK, BRITISH COLUMBIA
PAUL VON BAICH

Squaw Creek is an abandoned village along the Tatshenshini River at the boundary of the Yukon Territory and the Province of British Columbia, near the Alaska Panhandle. About 40 miles (64 km) from Squaw Creek, close to the Yukon-Alaska border, is Mt. Logan, 19,524 feet (5951 m), the highest mountain in Canada.

49 (LEFT)

HAINES JUNCTION, YUKON
PAUL VON BAICH

Ms. Jessica Takce. Haines Junction is 159 miles (256 km) northwest of the city of Haines, Alaska. Haines and Haines Junction, and the road that connects them, were named for Mrs. F. E. Haines, who, near the end of the 19th century, was Secretary of the Presbyterian Home Missions Board, and lived in Philadelphia.

49 (RIGHT)

CHILKOOT INLET, ALASKA
PAUL VON BAICH

Mr. Jim Doran. Mr. Doran is Chief Mate of the Alaska State Ferry M/V *Taku*. The Chilkoot Inlet is the northern part of the Lynn Canal, a fjord inlet of the Pacific Ocean. Haines is on the Chilkoot Inlet.

50

HAINES HIGHWAY AT STONEHOUSE CREEK, BRITISH COLUMBIA
PAUL VON BAICH

The Haines Highway summit is 3,493 feet (1065 m) at Mile 65.3. The Peak of Mount Seltat in the distance is on the Alaska-British Columbia Boundary.

51

BOUNDARY, ALASKA
PAUL VON BAICH
Mr. Action Jackson. Boundary is 6 miles (9.7 km) west of the Alaska-Yukon line at Poker Creek, and 75 miles (121 km) west of Dawson. Action Jackson's Bar consists of a bar, a restaurant, a gas station, and a few cabins. There is a government-operated air-strip nearby. The total population of Boundary is 6.

52

CHILKOOT PASS, ALASKA
PAUL VON BAICH
Dr. T. Potsepp (right), Ms. Jill Renfrew, Mr. Art Mortvedt, Dr. Potsepp's nephew, Douglas, and Ms. Aimée Nassoiy (left). The dog belongs to Dr. Potsepp. The Chilkoots, for whom the Pass was named, are a Chilkat people who once lived in Chilkoot Village, about 10 miles (16 km) north of Haines. The 1880 census gave the population of Chilkoot Village as 127, but sometime in the next 10 years the village evidently disappeared, as it was not mentioned in the 1890 census. Most Chilkoots now live in Haines.

53

COAST MOUNTAINS, BRITISH COLUMBIA/ALASKA
PAUL VON BAICH
The Coast Mountains get heavy annual precipitation. Even in September, alders grow in profusion between the mountains' glaciers.

54/55

NEAR CARMACKS, YUKON
PAUL VON BAICH
Trembling aspens in mid-September along the Klondike Highway. Carmacks itself is not a United States-Canada border town, but the man for whom it was named was indirectly responsible for the largest single rush of United States citizens across the border to Canada in history. On August 16, 1896, George Washington Carmack, from the state of Illinois, with two companions, Tagish Charlie and Skookum Jim, acting on a suggestion by a Nova Scotian named Henderson, discovered gold at Rabbit (later renamed Bonanza) Creek, a tributary of the Klondike River, 75 miles (121 km) from the Alaska-Yukon border. Eldorado Creek, nearby, very soon proved to be even more richly gold-bearing. News of the discoveries reached Seattle, Washington, in the summer of 1897, and about 30,000 people, most of them from the United States, went to the Yukon during the following year. In 1900 about $22,000,000 worth of gold was taken, with great difficulty, from the often frozen ground in the Klondike area. By 1901, the gold-fever had subsided, and many of the immigrant prospectors returned to the United States.

57

WHITE ROCK, BRITISH COLUMBIA/BLAINE, WASHINGTON
JOHN DE VISSER
Where automobile traffic crosses between White Rock and Blaine, a large Roman-style Peace Arch and extensive flower gardens mark the boundary. Railway passengers and crews, a very short distance to the west, find only this sign at the border. The body of water beyond the tracks is Semiahmoo Bay.

58

WHITE ROCK, BRITISH COLUMBIA/BLAINE, WASHINGTON
JOHN DE VISSER
On the west side of Boundary Bay, the 49th parallel and, therefore, the border, touches land for one last brief stretch as it crosses the peninsula of Point Roberts. All of Vancouver Island is Canadian although part of it, including Victoria, the capital of British Columbia, lies several miles south of the 49th parallel.

59

STRAIT OF JUAN DE FUCA
DANNY SINGER
On the ferry between Anacortes, Washington, and Sidney, British Columbia, a sailor changes the flag whenever the ship crosses the international border.

60

FLATHEAD, BRITISH COLUMBIA/GLACIER PARK, MONTANA
JOHN DE VISSER
The 49th parallel cuts through the Rocky Mountains. The exact location of the parallel was carried out in two sections. From 1856 to 1861 surveyors, under a joint United States-British Commission, worked from Point Roberts, on the Pacific Coast, inland to the summit of the Rocky Mountains. A second United-States-British Commission, headed, on the British side, by a Canadian, marked the line from Lake of the Woods westward between 1872 and 1874. A point in Lake of the Woods that was part of the original boundary and at which Manitoba, Ontario and Minnesota all meet, is the northernmost point in the 48 contiguous states of the United States.

61

NEAR EUREKA, MONTANA
PIERRE GAUDARD
Cowboy at work. Montana ranks 13th among the 50 states in cattle raising. The international border can be seen in the upper left-hand corner of the picture. Eureka is in northwestern Montana, 45 miles (72 km) from the state of Idaho and 10 miles (16 km) from Canada.

62/63

MANNING PROVINCIAL PARK, BRITISH COLUMBIA
FREEMAN PATTERSON
Manning Park extends north from the Washington border, 150 miles (241 km) east of the city of Vancouver, and covers an area of 281 square miles (730 km²). It is used by skiers in the winter, and by campers, hikers and fishermen during the summer.

64

SAPPHO, WASHINGTON
NINA RAGINSKY
Mr. L. W. ("Red") Muma (left) and Mr. Keith Muma. The Messrs. Muma are retired logging men. Sappho is in the western part of the Olympic Peninsula, 15 miles (24 km) from the Juan de Fuca Strait which separates the state of Washington from Vancouver Island, in the province of British Columbia.

65

NEAR VICTORIA, BRITISH COLUMBIA
ROBERT MINDEN
Mr. Jim Bartholow. Mr. Bartholow raises cattle near Victoria, on Vancouver Island. Victoria is often said to have the mildest climate of any city in Canada.

66/67

NEAR OSOYOOS, BRITISH COLUMBIA
FREEMAN PATTERSON
Osoyoos is a border town in the Okanagan Valley. On both sides of the international boundary, the valley is a rich fruit-farming area. In Canada apples, peaches, apricots, cherries and tomatoes, among other kinds, are raised, and, near Osoyoos, melons. In Washington the valley is considered, with the Wenatchee Valley 100 miles (161 km) farther south, one of the principal apple-growing areas of the United States.

68

OSOYOOS, BRITISH COLUMBIA
FREEMAN PATTERSON
Osoyoos seen from Anarchist Mountain, east of the town. The picture shows part of Lake Osoyoos, and the eastern end of the Richter Pass. Just below this observation point, on the Salishan Reserve, there is a tiny desert with an average rainfall of less than 8 inches (203 mm) a year. The desert is the habitat of such plants and animals as jackrabbits, horned toads, painted turtles and prickly pears; and Canada's smallest bird, the calliope hummingbird, nests in it.

69

PORT TOWNSEND, WASHINGTON
NINA RAGINSKY
Mr. and Mrs. Frank Pilling. Port Townsend is on the northeastern tip of the Olympic Peninsula, at the entrance to Puget Sound.

70/71

SAN JUAN ISLAND, WASHINGTON
DANNY SINGER

San Juan Island is one of 172 islands that make up the northwest corner of the state of Washington. It was on San Juan, in 1859, that the "Pig War" broke out. The Pig War was an international boundary dispute that lasted for a dozen years, in which one pig was accidentally shot (it was a British pig apprehended in an American potato patch), but no human beings lost their lives. The present boundary was finally fixed in 1873. San Juan Island was thus the last place in what is now the United States where the British flag was flown.

72

NEAR EASTPORT, IDAHO
PIERRE GAUDARD

Mr. Robert Danquist. The Idaho-British Columbia border is about 45 miles (72 km) long, and only two major roads cross it. The town in Canada just north of Eastport is Kingsgate.

73

DANVILLE, WASHINGTON
FREEMAN PATTERSON

Danville is a port of entry on the Kettle River, at the edge of the Colville National Forest, south, and slightly west, of Grand Forks, British Columbia. The Danville post office, just half a mile (0.8 km) from the Canada-United States border, employs a staff of two persons. There is no school at Danville. Students go south 10 miles (16 km) to Curlew, to attend classes.

74/75

ORCAS ISLAND, WASHINGTON
NINA RAGINSKY

Ms. Warren Austin (left), Ms. Carol Nicol (right) and Ms. Alice Driemel. The ladies are in costume for July 4th festivities. Carol Nicol is a great-granddaughter, on both her mother's and her father's side, of original settlers on the San Juan Islands. Orcas Island is the largest of the islands.

76

MIDWAY, BRITISH COLUMBIA
ROBERT MINDEN

Mr. Andrew Swanlund. Mr. Swanlund works part of the year for a local farmer and the rest of it for the Village of Midway, taking care of playground equipment and other public property.

77

NEAR REPUBLIC, WASHINGTON
NINA RAGINSKY

Mr. Mike Teal and his children, Linda, Howard and Billy. The Teals are at a deer lodge in the Colville National Forest. Republic is a small lumber and mining town on the edge of the Colville Forest. About 50 miles (80 km) south of Republic is the Grand Coulee Dam.

78

ROOSVILLE, BRITISH COLUMBIA
PIERRE GAUDARD

Roosville, on Lake Koocanusa, is on the road between Eureka, Montana, and Fernie, British Columbia. The line on the mountain in the background is the international boundary vista.

79

NEAR GRAND FORKS, BRITISH COLUMBIA
FREEMAN PATTERSON

Mule deer near the British Columbia-Washington border. Mule deer, native to western North America, have large ears, brown and white faces, and short black-tipped tails. Unlike the white-tailed, or Virginia, deer of the east, they are not timid and they will often approach an outstretched hand.

80

MOLSON, WASHINGTON
CHARLES OBERDORF

Ms. Clara Staples and Ms. Hilda Loe. Molson is a small border town not far from the Okanogan River, about halfway from the Strait of Georgia to the Washington-Idaho border.

81

CURLEW, WASHINGTON
PIERRE GAUDARD

Ms. Becky McLemore. Curlew is on the Kettle River, 10 miles (16 km) south of the international border. Ms. McLemore's husband, Mark, works in a gold and silver mine near Curlew.

82/83

WHITE ROCK, BRITISH COLUMBIA
PIERRE GAUDARD

White Rock is 20 miles (32 km) directly south of Vancouver. The buildings in the background are in the United States.

84

NEAR FLATHEAD, BRITISH COLUMBIA/EUREKA, MONTANA
JOHN DE VISSER

The Continental Divide crosses the United States-Canada border near longitude 114° 04′ W., a point not far from Flathead and Eureka. It is 410 miles (660 km) from the Continental Divide west along the 49th parallel to the Pacific Ocean. Over that distance the international boundary is punctuated by 272 aluminium-bronze markers, 24 concrete pillars marking major highway crossings, and an 18-foot (5.5-m) granite monument on the western shore of Point Roberts.

85

BRITISH COLUMBIA/MONTANA
JOHN DE VISSER

The 49th parallel in the MacDonald Range of the Rocky Mountains. The MacDonald Range is in the southeastern part of the province of British Columbia. Across the border, in Montana, the mountains are known as the Whitefish Range.

86/87

PROVINCIAL HIGHWAY 3, MIDWAY, BRITISH COLUMBIA
JOHN DE VISSER

Midway is a small border town in British Columbia, named for the Midway Range of the Rocky Mountains.

88

SARDIS, BRITISH COLUMBIA
ROBERT MINDEN

Ms. Jill Townsend. Sardis is a small town about 8 miles (13 km) from the international border. The Trans-Canada Highway – the 4,891-mile (7874-km) road from St. John's, Newfoundland, to Victoria, British Columbia – runs right by Sardis.

89

NEAR SEQUIM, WASHINGTON
NINA RAGINSKY

Sequim – pronounced 'Skwim' – is on the Olympic Peninsula about 5 miles (8 km) from the Strait of Juan de Fuca. The Strait was named after a 16th century Greek seaman who called himself Juan de Fuca, but whose real name was Apostolos Valerianos.

90/91

GLACIER NATIONAL PARK, MONTANA
PIERRE GAUDARD

The Waterton-Glacier International Peace Park was established by Canada and the United States in 1932. Part of the Park is in Alberta and part in Montana. There is one Canadian and one United States Customs Station to serve the entire park. They are both located at the point where the Chief Mountain Highway crosses the international border and they are open every year only from May 15th until September 15th.

92

PORT TOWNSEND, WASHINGTON
NINA RAGINSKY

Mr. "Fuzzy" Crutcher (left) and Mr. Bill Clark. Port Townsend was once one of the busiest ports on the west coast of the United States. In 1908, the value of its exports was $37,000,000, which was higher than the value of the exports of any other United States Pacific Coast port. In the same year, the value of its imports, at $22,000,000, was exceeded only by the value of those of San Francisco.

93

COLUMBIA FALLS, MONTANA
NINA RAGINSKY

Mr. Otto Schultz (right) and Mr. Dan Huffine. Mr. Schultz owns the Mountain View Fly Tying Shop in Columbia Falls.

94/95

ORCAS ISLAND, WASHINGTON
DANNY SINGER

The view from Mount Constitution, which is, at 2400 feet (730 m), the highest point in the San Juan Islands. The ship is a ferry that runs between Sidney, on Vancouver Island, British Columbia, and Anacortes in the state of Washington.

96

TRAIL, BRITISH COLUMBIA
PIERRE GAUDARD

Trail is a city of about 12,000 people, 275 miles (442 km) east of Vancouver and 10 miles (16 km) north of the Washington-British Columbia line. It is a centre for the smelting and refining of lead and zinc, and for the manufacture of sulphuric acid and fertilizers.

97

EUREKA, MONTANA
FREEMAN PATTERSON

Eureka has fewer than 2500 inhabitants but it is the largest town for more than 50 miles (80 km) in any direction. There are a Grade School and a High School in Eureka, each with an enrollment of about 300. Of these 600 students, about 10 are Canadian citizens from just north of the Montana-British Columbia border.

98

POINT ROBERTS, BRITISH COLUMBIA/POINT ROBERTS, WASHINGTON
PIERRE GAUDARD

The chain marks the border. Point Roberts, a narrow peninsula 20 miles (32 km) from Vancouver, extends south just far enough for a few square miles of it to lie below the 49th parallel, in the United States, but entirely cut off, by water or by Canada, from the rest of the country. Many of the houses in Point Roberts belong to Vancouverites, who use them as vacation cottages. A few United States families live there the year round, and their children commute about 50 miles (80 km) daily, through Canada, to get to school in Blaine, Washington.

99

VICTORIA, BRITISH COLUMBIA
ROBERT MINDEN

Mr. Ralph Krasney. Mr. Krasney is the proprietor of Palmer's Stove Store in Victoria. The city of Victoria, established as a depot by the Hudson's Bay Company in 1843, was originally named Fort Albert, in honour of Queen Victoria's husband, by James Ross, one of the men on Vancouver Island in charge of the building of it. Higher authorities quickly changed the name in order to honour the Sovereign herself.

100

NEAR WATERTON-GLACIER INTERNATIONAL PEACE PARK,
ALBERTA/MONTANA
JOHN DE VISSER

Waterton Lakes Park, with an area of 203 square miles (530 km²), is the smaller of the two international parks that meet along the Montana-Alberta border. Glacier Park, on the Montana side, has an area of 1,564 square miles (4100 km²). The Canadian and the United States parks together make up the Waterton-Glacier International Peace Park, which is bigger than the state of Rhode Island and almost as big as the province of Prince Edward Island.

101

NEAR MOUNTAIN VIEW, ALBERTA
FREEMAN PATTERSON

The ranch is in Canada. The mountain is Chief Mountain, 9,066 feet (2763 m), in the United States section of Waterton-Glacier International Park.

102/103

NEAR NIGHTHAWK, WASHINGTON
FREEMAN PATTERSON

On the Washington side of the border, near the Okanogan Valley, cattle graze throughout the winter. In Canada, the name of the river and the valley is spelled 'Okanagan'; in the United States, it is spelled 'Okanogan'.

105

NEAR PEMBINA, NORTH DAKOTA/EMERSON, MANITOBA/
ST. VINCENT AND NOYES, MINNESOTA
JOHN DE VISSER

In these prairie flatlands, the untilled swath marks the border. Owners of farmland that extends to, or crosses, the border, are permitted to cultivate that land or, if they want to, keep it untilled in order to be able to use it as an informal road for their farm vehicles. It is not permitted in Canada or in the United States, to put up a structure of any kind, within 10 feet (3.05 m) of the border. The border vista must be kept clear and unobstructed at all times.

106/107

SWEETGRASS, MONTANA/COUTTS, ALBERTA
FREEMAN PATTERSON

The Coutts-Sweetgrass port of entry, on the main road between Lethbridge, Alberta, and Great Falls, Montana, is one of the busiest crossings along the prairie border. It was from Sun River, near Great Falls, that Louis Riel, who had married and become a United States citizen, returned to his native Canada in 1884 to become the spokesman for groups of disaffected Westerners who thought that the Canadian government was indifferent to their grievances.

108

NEAR ETZIKOM, ALBERTA
NINA RAGINSKY

Schoolgirls in the Rosedale Hutterite Colony. The Hutterites also call themselves Hutterian Brethren or *Hutterische* Colonies, taking their name from Jacob Hutter, a 16th century Tyrolean Anabaptist. Hutterites are pacifists. They live and work communally, believing "that all members should eat together as one being, and have, hold, use, possess, and enjoy all things in common".

109

NEAR ETZIKOM, ALBERTA
NINA RAGINSKY

Kindergarten boys from the Rosedale Hutterite school. The Hutterian Brethren colonies, which are both religious and ethnic enclaves, were founded in North America in the 1870's at Tabor, South Dakota. During the early years of the 20th century many Hutterites moved to Canada. There are about 4000 Hutterites in the United States, and about 18,000 in Canada.

110

MANYBERRIES, ALBERTA
NINA RAGINSKY

Mr. Victor Goulet and Mr. Lawrence Shortor. Mr. Goulet and Mr. Shortor work as section man and section foreman for the Canadian Pacific Railway. Manyberries is a translation of a Blackfoot word that refers to the chokecherries and saskatoons that grow in this part of the province in great profusion.

111

MANYBERRIES, ALBERTA
NINA RAGINSKY

Messrs. Jim, Wilfren, and Fred Gracey, and Messrs. Stan and Emil Stuber of Manyberries. Manyberries is in southeastern Alberta, about 8 miles (13 km) from Pakouki Lake.

112

TOLSTOI, MANITOBA
JOHN DE VISSER

Tolstoi is a community of about 50 families in southeastern Manitoba, 6 miles (9.7 km) north of the Minnesota line. The name given to the town, when it was founded in 1896 by

Ukrainian settlers, was Oleskiw. A retired United States soldier named Theodore Kochan, who emigrated to the area in 1905, was successful in having the name changed to Tolstoi as a tribute to Leo Nikolayevich Tolstoi, the Russian novelist, pacifist and philosopher.

113

GARDENTON, MANITOBA
JOHN DE VISSER
Gardenton lies 6 miles (9.7 km) east of Tolstoi, Manitoba, and 6 miles (9.7 km) north of the United States-Canada border. The oldest surviving Ukrainian Orthodox Church in Canada is in Gardenton. The National Home, originally a cultural institution that had a library, sponsored lectures, and encouraged people in the community to put on plays and give concerts, now tends to be used for town meetings, receptions and parties.

114/115

NEAR CLIMAX, SASKATCHEWAN
JOHN DE VISSER
A Saskatchewan wheat field. Climax is in the southwest corner of the province of Saskatchewan, not far from the towns of Frontier, Divide and Consul. Saskatchewan produces nearly two thirds of all the wheat grown in Canada.

116

LANDA, NORTH DAKOTA
JOHN DE VISSER
Mr. Carl Hjelmeland. Mr. Hjelmeland, born in Norway more than 70 years ago, is a watchmaker and jeweller in Landa. Landa is 8 miles (13 km) south of the Manitoba-North Dakota border and about 25 miles (40 km) from the point where Saskatchewan, Manitoba and North Dakota meet, near Antler, North Dakota. The official population of Landa in 1975 was 61.

117

MANYBERRIES, ALBERTA
NINA RAGINSKY
Mr. Sam Dixon. Mr. Dixon is a potato farmer. The province of Alberta ranks 5th in Canada in potato production. Both Canada and the United States import and export potatoes across the border. In an average year, the United States sells about 150,000,000 lbs. (68 000 000 kg) of potatoes to Canada, and Canada sells about 240,000,000 lbs. (109 000 000 kg) of potatoes to the United States.

118

DUNSEITH, NORTH DAKOTA
PIERRE GAUDARD
Mr. Robert Adalbert. Mr. Adalbert and his family raise cattle and poultry on a farm near Dunseith. The International Peace Garden, a carefully landscaped 2,339-acre (947-ha) park that straddles the United States-Canada border, is 15 miles (24 km) north of Dunseith.

119

NEAR ETZIKOM, ALBERTA
NINA RAGINSKY
Unlike the strictest Mennonite groups, Hutterite communities have accepted many 20th century inventions. Their communal kitchens do not always have potato peeling machines, but they are usually equipped with other electric appliances; and the most modern farm equipment is used in the fields.

120

NEAR SIMPSON, MONTANA
JOHN DE VISSER
This now abandoned church is on the road that runs northwest from Havre, Montana, and enters Canada at Wild Horse, Alberta.

121

SWEETGRASS, MONTANA/COUTTS, ALBERTA
JOHN DE VISSER
The International Boundary Commission has permitted an international air strip and road to be built in the boundary swath at Coutts-Sweetgrass. Sweetgrass derives its name from the sweetgrass that grows on the prairies in this part of Alberta and Montana, and that the Blackfeet used in the making of baskets and to smoke in their peace pipes.

122/123

NEAR LEAVITT, ALBERTA
DANNY SINGER
This church serves the needs of about 20 people who live in the rolling ranchland southwest of Cardston, Alberta. Cardston itself is a community of about 3000 persons. It was named after Ora Card, a member of the Church of Jesus Christ of Latter-Day Saints, who came to the area, and founded the town, at about the turn of the century.

124

ST. VINCENT, MINNESOTA
JOHN DE VISSER
Mr. Robert J. Rondeau. Mr. Rondeau is postmaster at St. Vincent, in the very northwestern corner of the state of Minnesota. His grandfather was born in Trois-Rivières, Québec.

125

STIRLING, ALBERTA
SPITERI
Mr. Ben Quon. Mr. Quon was one of the many workers born in China who helped to build the Canadian Pacific Railway. He left the railway and went into business in Stirling. Stirling, for a variety of reasons, has since then gone into a decline, and many of its buildings have been abandoned. Mr. Quon's son runs the combined post office-café-grocery-hardware store, next door to the pool hall in which Mr. Quon is standing.

126

SHERWOOD, NORTH DAKOTA
JOHN DE VISSER
It is about 15 minutes by bicycle from The Border Theatre in Sherwood to the North Dakota-Saskatchewan line.

127

TRAILCREEK, MONTANA
JOHN DE VISSER
The Trailcreek border crossing, in northwestern Montana, is on a road used only during the summer and then almost entirely by trucks bringing timber into the United States. There is no Canadian Customs Station at the frontier. Since not many unexpected northbound vehicles use the road, Canadian Customs work on it is often performed by the nearest Royal Canadian Mounted Police officer.

128

EMERSON, MANITOBA
JOHN DE VISSER
Emerson is a town on the Red River at the Canada-United States border, founded by two men from Minnesota, and named for the United States philosopher and poet, Ralph Waldo Emerson. The town of Pembina, 5 miles (8 km) south of Emerson, in the state of North Dakota, was founded by Canadians.

129

REGWAY, SASKATCHEWAN
JOHN DE VISSER
Saskatchewan Highway 6 runs from the town of Choiceland, in the northern part of the province, straight south, through the capital city of Regina, and on to the border at Regway, where it becomes Montana Route 256 and continues south, in the state of Montana, to the town of Plentywood – a distance altogether of about 330 miles (531 km).

130/131

NEAR PEMBINA, NORTH DAKOTA/EMERSON, MANITOBA/
ST. VINCENT AND NOYES, MINNESOTA
JOHN DE VISSER
In the prairies, where the congregations of many churches are made up almost entirely of farm families, it is not uncommon to find a church standing alone, surrounded by wheat-fields.

This one is near the towns of Pembina, Emerson, St. Vincent and Noyes, which are all within 5 miles (8 km) of the point on the Red River where the province of Manitoba and the states of Minnesota and North Dakota meet.

132

GAINSBOROUGH, SASKATCHEWAN
JOHN DE VISSER

Mr. Hillis Moore. Mr. Moore has a mixed farm (grain and stock) near Woodnorth, Manitoba. He goes every year to Gainsborough, about 60 miles (97 km) away, to show his riding-horses and driving-horses at the town's annual fair.

133

SCOBEY, MONTANA
JOHN DE VISSER

Mr. Mac Branden. Mr. Branden, working with several other persons, helped to restore this early 20th century Ukrainian Orthodox Church now in the Daniels County Museum and Pioneer Town. The town of Scobey is in the northeastern part of the state of Montana.

134/135

PORT OF PIEGAN, MONTANA/CARWAY, ALBERTA
DANNY SINGER

The Port of Piegan-Carway border crossing lies just east of the Waterton-Glacier Park. In the summer its Customs Stations are very busy; in the winter sometimes not more than one vehicle an hour passes through them. Carway is at one end of Alberta Route 2 which runs north through Calgary to the city of Edmonton, and beyond Edmonton, along Lesser Slave Lake, to Peace River and Grande Prairie.

136

CONSUL, SASKATCHEWAN
JOHN DE VISSER

An abandoned hotel. Consul, a small town that consists of a few houses, a grain elevator and a general store, lies about 25 miles (40 km) due south of Saskatchewan's Cypress Hills Provincial Park, in the western part of the province.

137

WEST POPLAR, SASKATCHEWAN
JOHN DE VISSER

Commercial vehicles serving both sides of the boundary normally carry license plates from both sides. West Poplar is at the Montana-Saskatchewan border, just south of the town of Killdeer, and 45 miles (72 km), as the crow flies, from the town of East Poplar, Saskatchewan.

138

CARDSTON, ALBERTA
DANNY SINGER

Mr. Roderick Shot Both Sides. Mr. Shot Both Sides lives on the Blood Reserve at Cardston. His grandfather was head chief of the Blood tribes, a successful farmer, a leader known for his progressive attitudes. The Cardston Blood Reserve is one of the largest reserves in Canada, encompassing 540 square miles (1400 km²), and also one of the most prosperous.

139

NEAR COUTTS, ALBERTA
FREEMAN PATTERSON

Coutts, at the Montana line, is in one of the driest areas of Alberta. Total annual precipitation near Coutts is about 17 inches (430 mm). Snow in southern Alberta often melts very quickly because of the warm chinook winds that come in from the Pacific Coast. The chinook winds are named for the Chinooks, who lived, and descendants of whom still live, near the mouth of the Columbia River.

140

NEAR ESTEVAN, SASKATCHEWAN
JOHN DE VISSER

Estevan is a city with a population of about 10,000, in the southeastern part of the province of Saskatchewan, 16 miles (25.5 km) from the North Dakota line.

141

CARDSTON, ALBERTA
PIERRE GAUDARD

Dr. Elmo E. Fletcher. The building is the Alberta Temple of the Church of Jesus Christ of Latter-Day Saints, of which Dr. Fletcher is President. The Temple was dedicated in 1923. The Church has 70,000 members in Canada and 3,000,000 members in the United States.

142/143

NEAR CARDSTON, ALBERTA
PIERRE GAUDARD

Mr. Benjamin A. Hofer. Mr. Hofer is a Hutterite farmer who lives in the East Cardston Hutterite Colony. Cardston is in the western part of Alberta, 16 miles (25.5 km) north of the border and 26 miles (42 km) east of Waterton-Glacier International Park.

144

NEAR CARWAY, ALBERTA
DANNY SINGER

The temperature when this picture was taken was −34.5° C (−30° F). The men are Province of Alberta government surveyors at work 1 mile (1.6 km) from the international boundary.

145

NEAR CHIEF MOUNTAIN, ALBERTA
DANNY SINGER

Boundary Creek School, 3 miles (4.8 km) north of the Canada-United States border, was built as a two-room school. After World War II, it was converted into a one-room school. By 1960 it had been made into a Community Hall. Meetings or, sometimes, quilting bees are held in it about once a month. Children who live in the area now go 18 miles (29 km) to Cardston, Alberta, to go to school.

146

NEAR LANDA, NORTH DAKOTA
JOHN DE VISSER

A grain elevator in North Dakota, not far from the Souris River. In this part of the continent, there are not many visual clues that immediately distinguish the two countries. The grain elevators, however, on opposite sides of the border, do not often resemble each other. Most of the United States elevators are silvery grey. The Canadian elevators may be red or blue, or a combination of colours, depending on the operating organization.

147

EMERSON, MANITOBA
JOHN DE VISSER

Mr. Walter Ross Forrester. Mr. Forrester is a solicitor in Emerson. The house shown is his, built in 1875.

148

NEAR MELITA, MANITOBA
JOHN DE VISSER

Melita is in the southwestern part of the province of Manitoba. Some of the villages near the border, in Manitoba, have whimsical and unusual names: Sundown, Crystal City, Pilot Mound and Windygates, are among them. There is also a Miami, Manitoba, and a Killarney, Manitoba.

149

NEAR PLENTYWOOD, MONTANA
FREEMAN PATTERSON

Plentywood is in the northeastern part of the state of Montana, 20 miles (32 km) south of the Montana-Saskatchewan line. Over the centuries, Big Muddy Creek, a now small tributary of the Missouri River, carved out the badlands near this abandoned ranch.

150/151

NEAR DEL BONITA, ALBERTA
DANNY SINGER

Many of the early European settlers on their way to what is now the province of Alberta travelled west across the United

States and turned north into Canada at a place, near Del Bonita, called Immigrant Gap or, more often, Whiskey Gap.

153

BUFFALO, NEW YORK
PETER CHRISTOPHER

Peace Bridge, between Buffalo, New York, and Fort Erie, Ontario, built in 1927 to celebrate a century of peace between Canada and the United States, is probably the busiest of all the Canada-United States border crossings. Before the bridge was built (and for a few years afterwards), a ferry connected Buffalo and Fort Erie. In 1927 the toll for a passenger car was 25 cents. In 1975 it was 35 cents. The bridge is administered jointly by the Government of Canada and the State of New York but it receives no appropriations from either side of the border.

154/155

TORONTO, ONTARIO
PETER CHRISTOPHER

The 1815.4-foot (553.3-m) CN tower, a communications antenna for Canadian broadcasting facilities, a restaurant and bar, and the tallest free-standing structure in the world, rises over the Toronto harbour 14.25 miles (22.9 km) from the Canada-United States border halfway across Lake Ontario. The port of Toronto, open for 9 months of the year, is the busiest Canadian general cargo port on the Great Lakes.

156

SAULT STE. MARIE, ONTARIO
CURTIS LANTINGA

Mr. Henry Royer, Mr. John Dorrance, and Mr. Brad Donaldson (left to right). The Messrs. Royer, Dorrance and Donaldson work at the Algoma Steel mill in Sault Ste. Marie. Sault Ste. Marie, Ontario, is on the north bank of the St. Marys River, which connects Lake Superior and Lake Huron. Sault Ste. Marie, Michigan, is on the south bank. 'Sault' means 'rapids in a river.'

157

FORT FRANCES, ONTARIO
JOHN DE VISSER

Fort Frances, near Rainy Lake, and across the Rainy River from International Falls, Minnesota, was originally a fur-trade post and is now a mining and pulp centre. It was named in honour of the wife of Sir George Simpson who was, from 1826 to 1860, governor of the Hudson's Bay Company's territories in North America, including Rupert's Land.

158

PANCAKE BAY, ONTARIO
JOHN DE VISSER

Pancake Bay is on the bleak east coast of Lake Superior, about 65 miles (105 km) north of the two cities of Sault Ste. Marie. The Canada-United States boundary cuts through the lake about 10 miles (16 km) offshore from this point. Pancake Bay is the site of a small Ontario Provincial Park.

159

FORT ERIE, ONTARIO/BUFFALO, NEW YORK
JUDITH EGLINGTON

Ms. Maria Czepyha. Ms. Czepyha lives in Buffalo. She is seated on the frozen Niagara River at a point about 2 feet (61 cm) from the United States-Canada border. Fort Erie, across the river from Buffalo, is a city with a population of 25,000.

160

DETROIT, MICHIGAN
PETER CHRISTOPHER

The Outcasts. The Outcasts are one of about 200 motorcycle clubs in the city of Detroit.

161

NIAGARA FALLS, NEW YORK
PETER CHRISTOPHER

Representatives of the Ladies' Lawn Bowling Clubs of 4 centres (from left to right): Niagara Falls, New York; Buffalo, New York; Niagara Falls, Ontario; Port Colborne, Ontario.

162/163

BUFFALO, NEW YORK/FORT ERIE, ONTARIO
PETER CHRISTOPHER

Flags on Peace Bridge on either side of the boundary. Technically, the Canada-United States boundary is a vertical plane, an abstraction. It cuts both land and water surfaces, cuts underground, and cuts the air over the surface of the earth, rising to the edge of outer space, although just exactly where outer space begins is a question that has not yet been legally determined.

164

DETROIT, MICHIGAN
PETER CHRISTOPHER

The Honorable Fred W. Kaess. Judge Kaess sits as Chief United States District Judge for the Eastern District of Michigan in this neo-Renaissance courtroom of marble and inlaid wood in the Federal Building and United States Courthouse in Detroit.

165

FORT ERIE, ONTARIO
PETER CHRISTOPHER

Several organizations are responsible for law enforcement in the Buffalo-Fort Erie area. They include the New York State Police, the United States Border Patrol, the Buffalo Police Department, the Ontario Provincial Police, the Niagara (Ontario) Regional Police, and the Royal Canadian Mounted Police.

166/167

A BOY SCOUT CAMPGROUND, ONTARIO
PETER CHRISTOPHER

United States Scouts of Explorer Post 293 and Lincoln Place Boys Service Troop 9, both from Pittsburgh, Pennsylvania, meet their Canadian counterparts from the 7th Fort Erie, Ontario, Scouts.

168

BUFFALO, NEW YORK
JUDITH EGLINGTON

Mr. Jerry Cubanks and Ms. Rita Warren. Buffalo is one of the major ports on the St. Lawrence Seaway, which was completed in 1959. Buffalo was one of the major ports, too, on the Erie Canal, when it was completed in 1825.

169

WINDSOR, ONTARIO/DETROIT, MICHIGAN
PETER CHRISTOPHER

The ferries leaving the Windsor docks in the foreground, carry railway cars across the Detroit River to the United States. Windsor is an automobile manufacturing centre, has a population of about 250,000 and is the southernmost large city in Canada. It is south of several major United States cities, including Milwaukee, Minneapolis, St. Paul, Spokane and Seattle. It is south, also, of Detroit.

170

SARNIA CHIPPEWA RESERVE, ONTARIO
LUTZ DILLE

Mr. Clarence Rogers. Mr. Rogers is a student of music related to Chippewa culture and is active in the promotion of interest in the Chippewa language. The Chippewa, or Ojibway, in the past, lived along the shores of Lake Huron and as far west as North Dakota. They tended to be nomadic hunters and fishermen, expert canoeists, eloquent orators and tellers of stories. The typical Chippewa dwelling was the conical wigwam. There are about 20,000 Chippewa today, a number that has not decreased much in 200 years.

171

DETROIT, MICHIGAN
JUDITH EGLINGTON

Kim, Janet, Kathi, Jennifer, Mikki and Lori (left to right). They work as Bunnies, in the Detroit Playboy Club. About 15 percent of the regular customers of the club are visitors from Canada.

172

BUFFALO, NEW YORK
PETER CHRISTOPHER

The Buffalo Club. The Club was founded in 1867. One of its founding members was Millard Fillmore, the 13th President of the United States. Grover Cleveland, who was both the 22nd and 24th President of the United States, was also at one time a member.

173

DETROIT, MICHIGAN
PETER CHRISTOPHER

Mr. Roy D. Chapin, Jr. and Loise Chapin, his wife, in their house in Detroit. Mr. Chapin is Chairman of the Board, and Chief Executive Officer, of American Motors Corporation.

174/175

WINDSOR, ONTARIO/DETROIT, MICHIGAN
PETER CHRISTOPHER

The Ambassador Bridge over the Detroit River and the Detroit-Windsor Tunnel under it, serve as the main road links between the state of Michigan and the province of Ontario. Freight can also cross between the two cities through a railway tunnel and on ferries. What is now the city of Windsor was known as La Traverse, or The Ferry, until 1836 when its present name was officially adopted.

176

WINDSOR, ONTARIO
MICHAEL SEMAK

Ms. Lynn McCullough. Ms. McCullough was 19 years old when she was elected Miss Windsor of 1974 at the annual Firemen's Field Day in Windsor's Jackson Park. Windsor is the southernmost large Canadian city. The most southerly point on the mainland of Canada is Pelee Point in Point Pelee National Park, 40 miles (64 km) southeast of Windsor. It is at Point Pelee that thousands of monarch butterflies, from all parts of Western Ontario, gather for about two weeks each October before migrating south to the coasts of the Gulf of Mexico for the winter. Pelee Island, 8 miles (13 km) south of Pelee Point and the largest island in Lake Erie, has a population of about 270, and a community on it, itself named Pelee Island, is the southernmost inhabited place in Canada. Middle Island, south of Pelee Island, is the most southerly piece of Canadian land. It is uninhabited.

177

DETROIT, MICHIGAN
PETER CHRISTOPHER

Both United States and Canadian body builders work out at a health studio in Detroit, Michigan.

178

WINDSOR, ONTARIO
PETER CHRISTOPHER

Mr. Kenneth C. Saltmarche. Mr. Saltmarche is Director of the Art Gallery of Windsor.

179

NEAR PRESCOTT, ONTARIO
MICHEL LAMBETH

Lt. Col. Sterling Spicer. Lt. Col. Spicer is standing on a piece of property that is now a Lodge for the United Empire Loyalists but that has been owned by his family since 1786.

180

NIAGARA RIVER, ONTARIO/NEW YORK
BARRY RANFORD

Navy Island, in the Niagara River just south of Niagara Falls, was the scene of a brief abortive revolution in 1837. William Lyon Mackenzie, who had been Mayor of Toronto, was the leader of it. With a number of others, in both Upper and Lower Canada, he had begun to look forward to the day when Canada would have "freedom from the baneful domination of the Mother Country". In December 1837, he went to Navy Island, declared a republic, set up a provisional government and, with the help of some United States sympathizers, formed a "patriot army". On December 29, 1837, Mackenzie's supply ship *Caroline* was burned by a party of Canadians under the command of Captain Andrew Drew. Two weeks later Mackenzie fled the island. He was tried in the United States for violation of neutrality laws and given a sentence of 18 months. In 1849, under the Act of Amnesty, he returned to Canada and re-entered politics. He died in 1861.

181 (TOP)

PORT HURON, MICHIGAN
LUTZ DILLE

Mr. Rufus "Too Sweet" Parks. Mr. Parks worked for 50 years in a Port Huron shop called "Bill the Hatter". Thomas A. Edison, the inventor, who had been born in Milan, Ohio, in 1847, spent his boyhood in Port Huron, and his only formal education was obtained during the 3 months that he attended school in Port Huron.

181 (BOTTOM)

PORT HURON, MICHIGAN
LUTZ DILLE

Mr. Wilfred Raetzel. Mr. Raetzel owned and operated, until 1975, the "Bill the Hatter" business founded by his father in Port Huron 60 years before. Port Huron lies at the south end of Lake Huron across the St. Clair River from Sarnia, Ontario, one of Canada's major manufacturing centres.

182/183

NIAGARA FALLS, ONTARIO/NIAGARA FALLS, NEW YORK
PETER CHRISTOPHER

A railway bridge crosses the Niagara River gorge, between the cities of Niagara Falls, New York, and Niagara Falls, Ontario. Near the bottom of the gorge are the abutments of an earlier bridge that linked the banks of the Niagara.

184

PRESCOTT, ONTARIO
MICHEL LAMBETH

Ms. Phyllis M. E. Stephenson. Ms. Stephenson is a member of the United Empire Loyalists and Corresponding Secretary for the Grenville County, Ontario, Historical Society. Her father was mayor of Prescott. Her great-great-grandmother was Barbara Ruckle Heck who, shortly after the American Revolution, left the United States, settled near Prescott, Ontario, and founded the first Methodist Society in what was then Upper Canada.

185

BUFFALO, NEW YORK
PETER CHRISTOPHER

Mr. Charles R. Diebold (left); Mrs. Charles R. Diebold (seated, left); Mrs. Charles Diebold III, Mr. Charles Diebold III, Mr. Peter DeW. Diebold, Mr. David K. Diebold (standing, left to right); Mrs. David K. Diebold (seated, right). The senior Mr. Diebold is President and Chief Executive Officer of the First Empire State Corporation. Mr. Charles Diebold III is President of the Western Savings Bank in Buffalo.

186

SAULT STE. MARIE, ONTARIO
CURTIS LANTINGA

Mr. Robert Soloman. Mr. Soloman worked in the Algoma Steel mill, in Sault Ste. Marie, during the summer of 1974. Sault Ste. Marie was already a small fur-trading post, when a Jesuit Mission was founded there in 1668 by Père Jacques Marquette. Père Marquette, 5 years later, went on to explore the Mississippi River as far south as the Arkansas River in company with the Québec trader and explorer, Louis Jolliet.

187 (TOP)

BUFFALO, NEW YORK
PETER CHRISTOPHER

Buffalo has more than 100 nightclubs. It also has its own symphony orchestra, a well-known art gallery, several fine restaurants (one on the site of the house in which Mark Twain, the United States writer, lived in 1870, when he was newly married and part owner of the Buffalo *Express*), and a zoo.

187 (BOTTOM)

DETROIT, MICHIGAN
PETER CHRISTOPHER

Detroit was founded as Fort Pontchartrain in 1701 by Antoine de la Mothe Cadillac. When it was ceded to the United States by the British in 1796, under the Jay Treaty, it was a village of about 2000 people. The first automobile factory in Detroit was set up in 1899 by Ransom E. Olds. In 1975, Detroit had a population of about 1,500,000.

188

NEAR SAULT STE. MARIE, ONTARIO
MICHAEL SEMAK

Ms. J. Johnson. Ms. Johnson is shown aboard an Algoma Central Railway train. The Algoma Central runs north from Sault Ste. Marie, 296 miles (475 km) to Hearst, Ontario. At the town of Franz, it connects with the Canadian Pacific Railway; at Oba and at Hearst, with the Canadian National Railway.

189

DETROIT, MICHIGAN
PETER CHRISTOPHER

Mr. Martin S. Hayden. Mr. Hayden is editor of *The Detroit News*, Vice-President of the Evening News Association, and a Director of The Economic Club of Detroit.

190/191

OGDENSBURG, NEW YORK/JOHNSTOWN, ONTARIO
PETER CHRISTOPHER

The St. Lawrence River at the Ogdensburg-Johnstown crossing. Johnstown lies 4 miles (6.4 km) northeast of the town of Prescott. A military post called Fort Wellington was built at Prescott at the outbreak of the War of 1812. Today the land surrounding the fort is a national park. Ogdensburg is at the site of a fort built by the British at the outbreak of the American Revolution, and called Fort Presentation.

192

NIAGARA FALLS, NEW YORK/ONTARIO
DON NEWLANDS

The Canadian, or Horseshoe, Falls (right) are 162 feet (49.5 m) high. The American Falls are 5 feet (1.52 m) higher. The amount of water that flows over the falls varies with the season and with weather conditions, but The Niagara Parks Commission estimates that, on an average, 1,170,000 gallons per second (5 220 000 ℓ/sec) flow over the Canadian Falls, and 130,000 gallons per second (580 000 ℓ/sec), over the American Falls. Erosion of the American Falls is slight. It has been calculated that erosion is forcing the crest of the Canadian Falls south, toward Lake Erie, at the rate of 375 feet (114.3 m) every hundred years.

193

NIAGARA FALLS, ONTARIO
PETER CHRISTOPHER

Niagara Falls, Ontario, and Niagara Falls, New York, are both resort cities. On the Ontario side of the river, just north of Niagara Falls, are the Sir Adam Beck generating stations operated by Ontario Hydro. On the New York State side are the Robert Moses generating stations, operated by the Power Authority of the State of New York.

194

SARNIA, ONTARIO/PORT HURON, MICHIGAN
LUTZ DILLE

Paul Walsh (left) and Michael O'Hanley. Sarnia and Port Huron are connected by the Blue Water Bridge and by a railway tunnel.

195

BUFFALO, NEW YORK
JUDITH EGLINGTON

Ms. Christine Turley, Ms. Theresa Bufford, Ms. Lorraine Young (left to right). The gasoline station is on Jefferson Avenue in downtown Buffalo. The principal streets of Buffalo radiate from Niagara Square, following in broad outline a city plan, that is in imitation of the plan of Washington, D.C.

196

DETROIT, MICHIGAN
PETER CHRISTOPHER

Rabbi Richard C. Hertz. Rabbi Hertz, serves as Senior Rabbi in Temple Beth El in Detroit.

197

NIAGARA-ON-THE-LAKE, ONTARIO
PETER CHRISTOPHER

Major B. Handley Geary. Major Geary was awarded the Victoria Cross in World War I. Niagara-on-the-Lake (once known as Newark) is a town with a population of about 12,500 at the northeast corner of the Niagara Peninsula, where the Niagara River flows into Lake Ontario. From 1792 to 1796 it was the seat of government of what was then called the Province of Upper Canada. About 10,000,000 gallons (45 500 000 ℓ) of wine are produced each year on the Niagara Peninsula.

198/199

PRESCOTT, ONTARIO
PETER CHRISTOPHER

Cars from the St. Lawrence-Adirondack Region Chapter of the Antique Car Club of America and the St. Lawrence (Ontario) Region Chapter of the Antique Car Club of Canada, frequently rally together. The two cars on the right are from Prescott, Ontario, on the St. Lawrence River; the two on the left are from nearby Madrid, New York, a town not far from the Ontario-New York bridge between Ogdensburg, New York, and Johnstown, Ontario.

200

WINDSOR, ONTARIO
PETER CHRISTOPHER

The "Blue Glitters" from Michigan have been participating in Dominion Day (or Canada Day, as it is more often called) celebrations in Ontario. The cities of Windsor and Detroit, frequently co-ordinate their Dominion (or Canada) Day (July 1st) and Independence Day (July 4th) schedules in order that groups from both sides of the border can participate in both sets of festivities.

201

OGDENSBURG, NEW YORK
MICHEL LAMBETH

Ms. Elizabeth Baxter. Ms. Baxter, who is City Historian for Ogdensburg, is sitting in the Frederic Remington Museum. Frederic Remington did many paintings, drawings, and sculptures of cowboys and other figures of the early American west. He was born in Canton, New York, near Ogdensburg, in 1861. After his death in 1909, at Ridgefield, Connecticut, his widow returned to Ogdensburg and later bequeathed to the city her substantial collection of her husband's work.

202/203

BUFFALO, NEW YORK
PETER CHRISTOPHER

Buffalo, the second city in population in the state of New York, was laid out in 1803 and named officially New Amsterdam. The older name Buffalo (or Buffaloe) Creek was preferred by the local inhabitants, and Buffalo became the accepted name after about 1812. Buffaloe Creek had itself been originally called Rivière aux Chevaux (or Horses River) by the French settlers and was renamed Buffalo by the English settlers, probably because large herds of buffalo were said to have once been attracted to the salt licks in the area.

204

OGDENSBURG, NEW YORK
MICHEL LAMBETH

Ms. Persis Boyesen. Ms. Boyesen serves as Historian for the Town of Oswegatchie and the Village of Heuvelton, in New York, and is the former New York State Chairman of the Lineage Research Committee of the Daughters of the American Revolution. The flag is one of the original Stars and Stripes (the forerunner of today's United States flag), the design of which was accepted by the Second Continental

Congress in Philadelphia in 1777, and may have been the work of Betsy Ross. The particular flag shown was hand-made but when, where, or by whom is not known.

205

CAPE VINCENT, NEW YORK/WOLFE ISLAND, ONTARIO
PETER CHRISTOPHER
Cape Vincent and Wolfe Island are the most westerly points of an archipelago that extends for about 40 miles (64 km) in the St. Lawrence River, and is known as the Thousand Islands. The largest towns on the banks of the river near the Thousand Islands are Gananoque, Ontario, Brockville, Ontario, and Alexandria Bay, New York.

206/207

MASSENA, NEW YORK
PETER CHRISTOPHER
There are 15 locks in the St. Lawrence Seaway system, of which only 2 are located entirely within the United States. The Snell Lock, at Massena, is one of them. The bridge in the background is the Seaway International Bridge between Cornwall, Ontario, and Rooseveltown, New York.

209

HEMMINGFORD, QUÉBEC
GABOR SZILASI
Hemmingford is a city of 2500 inhabitants, about 10 miles (16 km) west of Lake Champlain, and 5 miles (8 km) north of the New York State line. Hemmingford is a port of entry, but most of the traffic between New York State and the Montréal area crosses the border about 8 miles (13 km) east of Hemmingford, near Champlain, New York. In upstate New York, and in the north of Vermont and New Hampshire, many road signs are in French as well as English.

210/211

NORTH TROY, VERMONT/HIGHWATER, QUÉBEC
PETER CHRISTOPHER
The concrete monument in the forest marks the international boundary west of Lake Memphremagog.

212

STE-ANNE-DE-MADAWASKA, NEW BRUNSWICK
PIERRE GAUDARD
Ste-Anne-de-Madawaska is on the Saint John River, southeast of Edmundston, New Brunswick, and northwest of Van Buren, Maine.

213

FORT COVINGTON, NEW YORK/DUNDEE, QUÉBEC
MICHEL LAMBETH
The international pool table in the Dundee Line Hotel in Dundee-Fort Covington. The owner of the hotel, Mr. Paul Maurice Patenaude, pays business taxes on the Québec side, where he has his bar, school and land taxes in both communities. The only products that he sells in New York are American cigarettes from a vending machine.

214

STANHOPE, QUÉBEC/NORTON, VERMONT
MICHEL CAMPEAU
Mr. Ronald van Knowe and his sons, Ronald and Ricky. In 1974 there were 68,836,000 crossings of the border from the United States into Canada. This figure includes crews of planes, trains, trucks, ships and busses, as well as tourists and persons travelling on business, of all nationalities. In the same year, 30,261,000 Canadians returned to Canada from the United States after having been there for reasons of business or pleasure.

215

LAC FRONTIÈRE, QUÉBEC
PIERRE GAUDARD
M. Camille Beaulieu. M. Beaulieu is in charge of the American Government's Game Inspection Station at the Maine-Québec border. He also serves as postmaster for the logging camps and twice a week drives for several hours through Québec to take the mail to the first connecting road into the United States. The landscape at Lac Frontière differs dramatically from one side of the border to the other. On the Québec side, rolling hills have been cleared for farming. At the border the land turns rugged, and on the Maine side it is mostly dense softwood forest.

216

MONADNOCK MOUNTAIN, VERMONT
MICHEL CAMPEAU
Mr. Brian Strobel of Modesto, California, and Ms. Diana Dustin of Colebrook, New Hampshire. Monadnock Mountain, Vermont, is 7 miles (11.3 km) from Canada and 3 miles (4.8 km) from the state of New Hampshire.

217

ROCK ISLAND, QUÉBEC/DERBY LINE, VERMONT
PETER CHRISTOPHER
A dance recital in the Haskell Opera House. Most of the audience sits in the United States watching a performance staged in Canada. The Opera House, built (1901-1904) to scale as a small replica of the old Boston Opera House, can seat about 400 people. It occupies the top floors of the Haskell Free Library and Opera House building, presented to Rock Island and Derby Line by the Haskell family in memory of Carlos F. Haskell, with the intention of creating a truly international institution. The 18,000-volume library serves communities in both Vermont and Québec. The main entrance to the Library and the adults' reading-room are in the United States; the children's reading-room and the stacks are in Canada.

218/219

BAKER BROOK, NEW BRUNSWICK
PIERRE GAUDARD
In winter, when the Saint John River (in the background) freezes solid, the residents can skate across the border to the Maine side. The practice is condoned, but not encouraged, by the border authorities.

220

ABERCORN, QUÉBEC/RICHFORD, VERMONT
CHARLES OBERDORF
Part of the farm is in Québec, part is in Vermont. The International Boundary vista is in the background. Mr. Lyle Hurtubise owns the farm. One of the problems that owners of border-straddling farms must face, is the handling of livestock and produce that are dutiable when they cross the border. At one time, the United States had a duty on imported hay, and Mr. Hurtubise used only in Canada the hay that he grew in Canada. Customs regulations have changed, and Mr. Hurtubise is now allowed to feed Canadian hay to his United States cattle.

221

BAKER BROOK, NEW BRUNSWICK
PIERRE GAUDARD
Father Augustin Laneville, O.F.M., and Father Joseph Moisan, O.F.M. The church is Saint Coeur de Marie. Baker Brook is a village on the Saint John River, in northwestern New Brunswick, founded by Acadians expelled from Nova Scotia in 1755. There are nearly 1,000,000 descendants of the Acadians in North America, many of them in the Maritime Provinces of Canada and in Louisiana, in the United States.

222

NORTON, VERMONT/STANHOPE, QUÉBEC
PETER CHRISTOPHER
A friendship monument at the international boundary. Norton is in the northeastern part of Vermont. Maurice Duplessis was Premier of the province of Québec from 1936 to 1939 and from 1944 to 1959. George Aiken was Governor of the state of Vermont from 1937 to 1941. Relations between the province of Québec and the state of Vermont have always been, on the whole, cordial and warm. Vermont did not join in the announcement of the independence of the North American Colonies on July 4, 1776, but rather, in March 1777, proclaimed herself "a free and independent state". On March 29, 1785, Ira Allen, one of the architects of the independence of

Vermont, presented a series of proposals to a special meeting of the Québec Council on behalf of the Freemen of the "independent republic...of Vermont". Among other things, he suggested that "a treaty of commerce be settled, placing the citizens of Vermont on nearly the same footing as the subjects of Great Britain now are in the Province of Québec...". Six years later, however, Vermont ceded her independence and, on February 12, 1791, became the 14th state of the United States.

223

NORTON, VERMONT
MICHEL CAMPEAU

Mr. Lester R. Chase. Norton is in Essex County, the sparsely populated northeastern part of Vermont. The population of the entire county is 5800, and of Norton, 207.

224

NEAR ESTCOURT, QUÉBEC/ESTCOURT STATION, MAINE
RICHARD VROOM

Estcourt Station is the northernmost point in the state of Maine. No through roads cross the Québec-Maine border between Estcourt and the Armstrong-Jackman road, 150 miles (241 km) to the southwest, or between Estcourt and the Clair-Fort Kent road, 45 miles (72 km) to the southeast.

225

BEEBE, QUÉBEC/BEEBE PLAIN, VERMONT
ROGER CHARBONNEAU

Mr. Peter Beasse. The Border Machine Tool and Supply building stands a little distance north of the explicitly named Canusa Street. Houses on the north side of Canusa Street are in Beebe; houses on the south side are in Beebe Plain. Residents of Beebe and Beebe Plain must report to Customs when they cross the street. The United States Customs Station in Beebe Plain, is exactly across Canusa Street from the Canada Customs Station in Beebe. When the wind is blowing from north to south, the Canadian flag, flying from the Canada Customs Station flagpole, flutters in the United States.

226/227

LAC FRONTIÈRE, QUÉBEC/MAINE
PIERRE GAUDARD

The 20-foot (6.1-m) vista kept open in the forest by the International Boundary Commission. Lac Frontière is about 50 miles (80 km) almost directly east of Québec City.

228

PITTSBURG, NEW HAMPSHIRE
PETER CHRISTOPHER

Ms. Nina W. Tabor, Mr. Holman J. Amey, Ms. Alice Robie, Mr. Burnham Judd (left to right). In the early 19th century, the exact location of the boundary between New Hampshire and Québec had not been firmly established. As a consequence, there was much dissatisfaction among the residents of the very northern part of New Hampshire with their ambiguous status as full-fledged citizens of neither country. In 1832, 58 families declared independence from both governments and founded the Republic of Indian Stream. A legislature, which included all the eligible voters of the republic, enacted and enforced a set of laws governing most basic legal questions. In 1836 a company of New Hampshire militia arrived to enforce the state's authority over the area. The 4 persons pictured are direct descendents of Republicans who stayed on after Indian Stream became Pittsburg, New Hampshire.

229

FORT KENT, MAINE
PIERRE GAUDARD

A few miles upstream from Fort Kent, the middle of the Saint John River becomes the border. In the picture, the graveyard, and the hills in the distance, are in Maine; the piece of land on the right, where the church stands, is in New Brunswick. This entire region, on both sides of the border, calls itself "The Madawaska". Many of the residents can trace their ancestry to the original Acadian settlers. On both sides of the border, a French is spoken that has changed very little since the late 18th century.

230

DERBY LINE, VERMONT/ROCK ISLAND, QUÉBEC
CLARA GUTSCHE

Ms. Arlette Bolduc. Ms. Bolduc has studied ballet and has performed on the stage of the Haskell Opera House in Rock Island-Derby Line. Ms. Bolduc's parents' house is on the international border. The kitchen is in Canada, the living-room is in the United States. The boundary cuts through Ms. Bolduc's own room. Although no routine steps are taken to inspect houses in which a room is cut by the border, neither furniture nor appliances may be moved across that room, and out of the country in which they were bought, without becoming subject to duty.

231

NEAR MONTMAGNY, QUÉBEC
MIA AND KLAUS

Snow geese migrating across the St. Lawrence River towards the United States. More than 50,000 snow geese stop for as much as 6 or 8 weeks every year, in both spring and fall, at Cap-Tourmente, Québec, about 30 miles (48 km) northeast of Québec City, across the St. Lawrence River from Montmagny.

232

STE-ANNE-DE-MADAWASKA, NEW BRUNSWICK
PIERRE GAUDARD

M. and Mme René Deschenes at home. A history of the area, published in Maine in 1922, says of the Madawaskans: "In their intercourse with strangers, they are polite, kind and hospitable to a degree most noticeable by all who have lived or journeyed among them, and in no section of our land will the traveller...be more kindly and cordially cared for than in the Madawaska".

233

COBURN GORE, MAINE
PIERRE GAUDARD

Mr. and Mrs. William Covey. The Coveys operate a grocery store in another section of their house, serving the customs posts and the few neighbouring families. Coburn Gore is in the western part of the state of Maine, not far from the New Hampshire line.

234/235

NEAR CHARTIERVILLE, QUÉBEC/PITTSBURG, NEW HAMPSHIRE
PETER CHRISTOPHER

An aerial view, showing the 10 feet (3.05 m) of cleared Canadian land and cleared United States land on either side of the vertical plane—a division with height and length, but no breadth—that is, legally, the border. The 1783 Treaty of Paris (sometimes referred to as the Treaty of Versailles) stated that the boundary in this part of the continent should follow the highlands that divide the rivers that flow into the St. Lawrence from those that flow into the Atlantic. When the boundary was originally being defined, a line was surveyed on both sides of the height of land, which, in this region, runs along the crests of many hills. Surveyors determined the exact height of land by measuring up to the crests from the surveyed line. When they had established a new point to be on the height of land, a surveyor would walk from the last point determined toward that new point, marking the height of land as he went. The sounding of a horn at intervals, by a person at the new point, guided him along the way. In a 175-mile (280-km) section of Maine- and New Hampshire-Québec border, the longest straight-line course is about 1800 feet (549 m), the shortest is 23 inches (58.4 cm), and the average length is about 180 feet (54.9 m).

236

RICHFORD, VERMONT
MICHEL CAMPEAU

M. Joseph Drouin. M. Drouin lives in Sutton, Québec, 7 miles (11.3 km) north of the Vermont-Québec line. He worked for 45 years, before retiring, for the Canadian Pacific Railway in Sutton and in Richford. The Canadian Pacific line that runs through Richford crosses the border 3 times in less than 30 miles (48 km) because of the mountainous terrain.

237

WAYS MILLS, QUÉBEC
MICHEL CAMPEAU

Mr. Howard Buckland. Ways Mills is a village 15 miles (24 km) north of the Vermont line, not far from Stanstead. There is a thread and yarn factory there; and several sculptors, pottery-makers and other artists have their studios in the vicinity.

238/239

NEAR MADAWASKA, MAINE
PIERRE GAUDARD

M. Eudare Nadeau and his horse. Madawaska is in the northernmost part of the state of Maine, not far from the city of Edmundston, New Brunswick. The present Maine-New Brunswick boundary was established as a result of an agreement reached in 1842 by Daniel Webster and Lord Ashburton.

240

DANFORTH, MAINE
RANDAL LEVENSON

Mr. Blaine Pratt and Mr. Sherrill Colford (right). Mr. Colford also drives the school bus for the town. Danforth is on U.S. Route 1, about 5 miles (8 km) east of Grand Lake and 10 miles (16 km) south of Peekaboo Mountain. The United States-Canada border runs through the middle of Grand Lake.

241

LAC FRONTIÈRE, QUÉBEC
PIERRE GAUDARD

M. and Mme André Pelchat. M. Pelchat served as postmaster for Lac Frontière until 1973. When he reached pensionable age, his wife was hired to replace him. The nearest large town to Lac Frontière is Montmagny, 30 miles (48 km) north and west, on the St. Lawrence River.

242

STE-ANNE-DE-MADAWASKA, NEW BRUNSWICK
PIERRE GAUDARD

Les Moustiques de Madawaska, or the Madawaska Mosqui-toes. The name "Madawaska" derives from two Micmac words meaning "land of the porcupine".

243

STANSTEAD, QUÉBEC
PETER CHRISTOPHER

The Masonic Lodge of Stanstead is the world's only inter-national Masonic Lodge. It was granted this status by the Grand Master in London, England, because of its large American Membership. Stanstead borders on the town of Rock Island, which in turn borders on the town of Derby Line, Vermont.

244

SAINT JOHN RIVER NEAR BAKER BROOK, NEW BRUNSWICK
PIERRE GAUDARD

An international bridge across the Saint John River, 4 miles (6.4 km) upstream from Baker Brook, connects Clair, New Brunswick, and Fort Kent, Maine. U.S. Route 1 starts at the bridge and goes south 2,361 miles (3800 km) to Key West, Florida.

245

NORTH TROY, VERMONT/HIGHWATER, QUÉBEC
PETER CHRISTOPHER

A section of the border where it follows the 45th parallel. In 1783, the Treaty of Paris established the Canada-United States border from the Atlantic Ocean west to the Mississippi River. According to the Treaty, the northwesternmost branch of the Connecticut River and the 45th parallel formed part of the boundary south of the St. Lawrence River.

246/247

ESTCOURT, QUÉBEC/ESTCOURT STATION, MAINE
RANDAL LEVENSON

M. Georges and Mme Cécile Béchard. The Béchards' house is built on the Québec-Maine line. It is the present policy of the International Boundary Commission to allow no new struc-tures, for dwelling or other purposes, to be built on the border,

but no existing building is affected unless Customs officers have seized contraband in it, and a conviction has been obtained: if this should occur, the building is forfeited under the Customs Act. There are 5 families in the immediate Estcourt area whose houses are altogether within the state of Maine and who, with the Béchards, constitute the community of Estcourt Station. The only road that connects them with any other part of the state of Maine is a logging-road that runs southeast toward the town of Fort Kent. Water, light, and telephone are supplied by the province of Québec. There are no shops in Estcourt Station, but there is a United States Post Office and a United States Customs Station, both of which have Québec telephone numbers. Heating oil is brought in from Fort Kent. The Béchards and the members of the other 5 families are United States citizens.

248

DERBY LINE, VERMONT
CLARA GUTSCHE

Mr. John Lamoureux and Mr. David Shannon. Derby Line, Vermont, Rock Island, Québec, and Stanstead, Québec, form one continuous town. Rock Island and Stanstead are in a part of the province of Québec usually referred to as the Eastern Townships, les Cantons de l'est, or l'Estrie. The Rock Island Chapter of the Imperial Order of Daughters of the Empire numbers several United States citizens among its members.

249 (LEFT)

DUNDEE, QUÉBEC/FORT COVINGTON, NEW YORK
MICHEL LAMBETH

The Dundee-Fort Covington area has been a popular place for visitors for more than 150 years. Dundee is a small Québec town on the Salmon River, about 5 miles (8 km) from the St. Lawrence River. Fort Covington is a small New York State town that lies just south of it.

249 (RIGHT)

NEAR MASSENA, NEW YORK
GABOR SZILASI

The vending machine in the gift shop at the Eisenhower Lock on the St. Lawrence Seaway.

250/251

PIGEON HILL, QUÉBEC
PETER CHRISTOPHER

Pigeon Hill was one of the border towns seized and held briefly by the Fenian raiders in 1866. The Fenians, a secret 19th century revolutionary society dedicated to the establishment of a Republic of Ireland, hoped to use Canada as a base for operations against England. 'General' John O'Neill, one of the Fenian leaders, returned with a small band to the Pigeon Hill area in 1870 but was promptly defeated at nearby Eccles Hill.

252

ST. ANDREWS, NEW BRUNSWICK
RICHARD VROOM

St. Andrews is a town of about 2500, well-known as a summer resort, 3 miles (4.8 km) from the United States, on Pas-samaquoddy Bay. It was founded by Loyalists: persons who, during and just after the American Revolution, preferred to maintain their ties with England, and many of whom emi-grated to Canada. A distinction is made between Loyalists that came north before 1783, and are known as United Empire Loyalists, and those that came north later, perhaps enticed by offers of free land made in Upper Canada by Lieutenant-Governor Simcoe in the 1790's, who are known as Late Loyalists. It has been estimated that about 50,000 United Empire Loyalists came to Canada altogether, 35,000 of them to Nova Scotia and New Brunswick. A group from Castine, Maine, on Penobscot Bay, took their houses apart, loaded them on boats, sailed up the coast, and relocated at St. Andrews.

253

CALAIS, MAINE/ST. STEPHEN, NEW BRUNSWICK
PETER CHRISTOPHER

The firemen of Calais, Maine, are professionals; the firemen of St. Stephen, New Brunswick, are volunteers. When an alarm sounds, both departments may respond to the call. Friendly co-operation has been a tradition in this part of the two countries for a long time. When war was declared in 1812, a Methodist minister who preached on both sides of the St. Croix River, Duncan McColl, convinced the two communities to declare their own separate peace. Later, he personally confronted both American and British soldiers and sent them elsewhere to do their fighting.

254

CAMPOBELLO ISLAND, NEW BRUNSWICK
TED GRANT

Campobello Island is in Passamaquoddy Bay, southwestern New Brunswick, at the Canada-United States border. The name *Campobello* (which means 'beautiful stretch of cultivated land' in Italian) was given to it by a Captain William Owen as a tribute to his patron and benefactor, Lord William Campbell, Governor of Nova Scotia from 1766 to 1773. The descendants of William Owen were Principal Proprietaries of Campobello, and held the island as their fief, from 1767 until 1881.

255

ROOSEVELT CAMPOBELLO INTERNATIONAL PARK
TED GRANT

Franklin D. Roosevelt, the 31st President of the United States, had his summer house on Campobello Island, and the house is still there, open to the public from May to October every year. The 2,600-acre (1050-ha) Roosevelt Campobello International Park is administered by a commission made up of an equal number of Canadians and Americans. The pew that Roosevelt once occupied in St. Anne's Church, Welshpool, Campobello, bears a bronze plaque which says simply that he had been an Honorary Vestryman of the Church. The Franklin D. Roosevelt Memorial Bridge connects the island with the mainland of the state of Maine.

256

CAMPOBELLO, NEW BRUNSWICK
RANDAL LEVENSON

Mr. Lloyd "Granny" Cook. Mr. Cook smuggled rum during Prohibition, using the schooner in the photograph. He later worked for the Coast Guards of both the United States and Canada. Though some Campobello fishermen may have engaged in rum running, the island as a whole has long had a strong teetotal tradition.

257

JONESPORT, MAINE
PETER CHRISTOPHER

The United States Coast Guard Station at Jonesport, Maine. This station is the easternmost Search and Rescue Unit in the United States. Jonesport was named for a certain John C. Jones. In 1789 the Commonwealth of Massachusetts granted Jones 75 square miles (194 km²) of land in eastern Maine in payment for a sloop that he had lost during the American Revolution.

258/259

MILLTOWN, MAINE/MILLTOWN, NEW BRUNSWICK
PETER CHRISTOPHER

An international bridge crosses the St. Croix River just upstream from Calais, Maine, and St. Stephen, New Brunswick.

260

JONESPORT, MAINE
PETER CHRISTOPHER

Jonesport is near the mouth of the Bay of Fundy and is affected by the extraordinary Bay of Fundy tides, which, along some sections of the New Brunswick and Nova Scotia coasts, rise as much as 60 feet (18.3 m) with remarkable speed and force.

261

CAMPOBELLO, NEW BRUNSWICK
RANDAL LEVENSON

Mr. Judson Lank (left) and Mr. Frank Lank. Mr. Judson Lank is a fisherman; Mr. Frank Lank, his father, has retired from

fishing. Fishing off Campobello brings in haddock, cod, pollock, herring and lobster.

262/263

LUBEC NARROWS, PASSAMAQUODDY BAY, NEW BRUNSWICK/MAINE
PETER CHRISTOPHER

An early morning mist rises from the waters of the Lubec Narrows. The Lubec Narrows separate the province of New Brunswick from the state of Maine –Canada from the United States. Off the tip of Campobello Island and Quoddy Head, the Narrows enter the Grand Manan Channel. The Canada-United States border runs south and slightly west through the Channel, with Grand Manan Island on the left in Canada, and, on the right, the coast of Maine. West of Grand Manan, the border ends. The Channel joins the Bay of Fundy, and a little farther south from there, the Bay of Fundy joins the Atlantic Ocean.

CHARLES HAINES/CHARLES OBERDORF

LES CLICHÉS

1

POINTE DÉMARCATION ENTRE L'ALASKA ET LE YUKON
PAUL VON BAICH

La borne en bronze d'aluminium marquant la frontière internationale a été plantée sur les rivages de l'océan Arctique en 1912. Le 141e méridien constitue la frontière, à l'extrême nord-ouest, entre le Canada et les Etats-Unis. Celle-ci a été reconnue en 1867, lorsque les Etats-Unis ont acheté à la Russie ce qu'on appelle aujourd'hui l'état de l'Alaska dont ils ont en même temps accepté les limites qui avaient été fixées par la Russie et l'Angleterre en 1825.

2/3

LES CHAÎNONS FRONTALIERS (ALASKA ET
COLOMBIE-BRITANNIQUE)
PAUL VON BAICH

A quelques milles au nord du golfe de l'Alaska, là où le 141e méridien coupe le massif Saint-Elie, la frontière entre le Canada et les Etats-Unis bifurque brusquement vers l'est pour délinéer la queue de l'Alaska. Conformément aux traités, la frontière suit "la crête des montagnes situées parallèlement à la côte" et se compose du massif Saint-Elie et des Chaînons frontaliers. Sur la photographie, la Colombie-Britannique est visible au premier plan. Le pic du mont Four Winds, qui se dresse dans le lointain, fait partie des Chaînons frontaliers et se situe en Alaska.

4

HAINES (ALASKA)
PAUL VON BAICH

Le caporal Walter Ormasen, des Alaska State Troopers. Le caporal Ormasen est en garnison à Haines, petite ville de la queue de l'Alaska, près de Skagway et non loin de Juneau, qui vit de la pêche et des forêts et qui était un grand centre de ravitaillement lors de la construction de la route de l'Alaska.

5

LITTLE GOLD CREEK (YUKON) ET POKER CREEK (ALASKA)
PAUL VON BAICH

Le givre a poudré ce panneau de douane canadienne dès la mi-septembre. Little Gold Creek-Poker Creek est un poste-frontière entre le Yukon et l'Alaska, à l'ouest de Dawson (Yukon).

6/7

LITTLE GOLD CREEK (YUKON) ET POKER CREEK (ALASKA)
PAUL VON BAICH

Au coeur de l'Alaska et du Yukon, l'été dure environ 3 mois, le printemps et l'automne ne sont que des transitions bouleversantes et l'hiver sévit pendant le reste de l'année. Les plantes à feuilles caduques se couvrent de feuilles en moins d'une semaine et se dépouillent à un rythme encore plus rapide.

8

KOIDERN (YUKON)
PAUL VON BAICH

Tous les printemps, au moment de la débâcle, la rivière White creuse de nouveaux lits dans ses propres alluvions. Les canotiers peuvent très bien y repérer et jalonner un itinéraire sans portage sans le retrouver l'année suivante: il a disparu.

9

DAWSON (YUKON)
PAUL VON BAICH

M. Charlie Isaac. M. Isaac, fils du chef Isaac de la tribu des Loucheux, participe au défilé du jour de la découverte en compagnie de scouts de l'Alaska. Chaque année, le 17 août, cette fête commémore la découverte de l'or en 1896, tout près de là, à Rabbit (ou Bonanza) Creek. Le drapeau du Yukon flotte au centre.

10/11

LITTLE GOLD CREEK (YUKON) ET POKER CREEK (ALASKA)
PAUL VON BAICH

En 1898, deux ans après la découverte de l'or à Rabbit Creek, qui précipita la ruée du Klondike, une nouvelle loi faisait du Yukon un territoire distinct. Le premier centre administratif en a été à Dawson et, depuis 1956, le bureau central est à Whitehorse. La superficie du Yukon est à peine inférieure à celle de l'Alberta ou du Texas, bien que sa population ne s'élève qu'à 19 000 habitants. Pourtant, en 1900, la ville de Dawson en comptait à elle seule 30 000.

12

BIG BOULDER CREEK (ALASKA)
PAUL VON BAICH

M. et Mme David Woodring. Les Woodring possèdent une ferme de 5 acres (2,02 ha) à Big Boulder Creek; ils y élèvent des cochons, des chèvres, des poneys et des poulets, et y cultivent des fraises, des framboises et des mûres. De plus, ils ont planté, à titre expérimental, des abricots de Mandchourie, des pruniers de Mongolie et des cerisiers nains. Pour rendre leurs terres propres à la culture, les Woodring laissent d'abord les chèvres débroussailler un champ préalablement clôturé, puis ils y enferment les cochons qui, de leur groin, fouillent le sol et l'ameublissent. Les cultures peuvent alors commencer.

13

BEAVER CREEK (YUKON)
PAUL VON BAICH

Mme Freda Livesey. Mme Livesey est collaboratrice attitrée du *Whitehorse Star*. De plus, elle dirige avec son mari les Livesey's Hi-way Services (magasin général et station-service) situés au mille 1201 sur la route de l'Alaska. Dans la plus grande partie de l'Alaska et du Yukon, les bornes milliaires servent d'adresse, le mille 0 de la route de l'Alaska se trouvant à Dawson Creek en Colombie-Britannique.

14

DAWSON (YUKON)
PAUL VON BAICH

Deux fois par semaine en hiver et trois fois en été, le *Twilight Express* fait la navette entre Whitehorse et Dawson, plus au nord. Lorsque les conditions sont bonnes, le voyage long de 333 milles (536 km) dure environ 7 heures.

15

LA ROUTE SIXTY MILE (YUKON)
PAUL VON BAICH

La route emprunte son nom à la rivière Sixty Mile qu'elle suit sur une courte distance. La rivière s'appelle ainsi parce qu'elle se jette dans le fleuve Yukon, exactement à 60 milles (97 km) en amont du poste avancé de Fort Reliance.

16

AU MILLE 92, SUR LA ROUTE DE HAINES (COLOMBIE-BRITANNIQUE)
PAUL VON BAICH

M. Jörg Hofer (au centre), son épouse Liz et son aide-trappeur. La concession de M. Hofer s'étend à l'ouest depuis la route de Haines jusqu'au massif Saint-Elie et au nord, jusqu'à la frontière de la Colombie-Britannique et du Yukon; elle couvre une superficie grande comme la moitié de la Suisse. Dans cette partie du Canada, on piège des martres, des carcajous et des lynx.

17

AUX ENVIRONS DE LA ROUTE DE HAINES (COLOMBIE-BRITANNIQUE)
PAUL VON BAICH

Le mille 0 de la route de Haines, qui n'est pas asphaltée, se trouve à Haines en Alaska. De temps en temps, on a offert, à titre officieux, de refaire le tracé de la route afin d'éliminer les tronçons qui nécessitent actuellement un entretien considérable.

18/19

LA ROUTE DE HAINES (COLOMBIE-BRITANNIQUE)
PAUL VON BAICH

M. Ted Christiansen (à gauche) et M. Kenneth Henry Johnson. Tous deux font partie de l'équipe d'entretien de la route qui relie Haines, en Alaska, à Haines Junction, au Yukon. Longue de 159 milles (256 km) cette route traverse le nord-ouest de la Colombie-Britannique.

20

VILLAGE DE KLUKWAN (ALASKA)
PAUL VON BAICH

La population du village de Klukwan, à un demi-mille (0,8 km) de la route de Haines et à 50 milles (80 km) au sud de la passe de Chilkat, se compose presque entièrement de Chilkats (d'où le nom du col) qui forment une branche des Tlingits. Au cours des XVIIIe et XIXe siècles, ils se sont opposés à l'établissement, au Yukon, de comptoirs pour le commerce des fourrures: ils avaient, en effet, eux-mêmes une longue expérience de ce commerce et craignaient en outre pour la sécurité de leurs villages permanents. En 1852, ils brûlèrent Fort Selkirk, comptoir de la Compagnie de la baie d'Hudson, établi au confluent du fleuve Yukon et de la rivière Pelly. Les Chilkats étaient passés maîtres dans la confection de couvertures cérémoniales en laine de chèvre des montagnes, tout ouvrées de dessins délicats. Les Tagish, Tlingits du Canada, vivent maintenant en Colombie-Britannique et au Yukon. Les Chilkats, eux, sont établis en Alaska.

21

LA CHAÎNE CÔTIÈRE (ALASKA ET COLOMBIE-BRITANNIQUE)
PAUL VON BAICH

Photographie prise au cours d'un vol entre Whitehorse (Yukon) et Juneau (Alaska). A l'intérieur de la Colombie-Britannique s'étendent deux grandes chaînes de montagnes: à l'est, les Montagnes Rocheuses et à l'ouest, la Chaîne côtière qui naît à la frontière du Yukon, longe la queue de l'Alaska et pousse au sud jusqu'aux abords de Vancouver. La frontière entre la Colombie-Britannique et l'Alaska, d'une longueur de 825 milles (1 328 km), suit la Chaîne côtière sur presque toute sa longueur. L'effet de prisme sur cette photo résulte du passage des rayons lumineux à travers les couches de plastique du hublot de l'avion et le filtre polarisant de l'appareil photographique.

22/23

L'ÎLE GRAHAM DANS LES ÎLES REINE-CHARLOTTE (COLOMBIE-BRITANNIQUE)
DANIEL CONRAD

Cet archipel groupe 150 îles, dont Graham et Moresby sont les principales, au large de la côte septentrionale de la Colombie-Britannique. Le détroit d'Hécate, large de 40 milles (64 km), le sépare du Canada et l'entrée Dixon, également large de 40 milles (64 km), de l'Alaska.

24

LA ROUTE SIXTY MILE (YUKON)
PAUL VON BAICH

Ce bâtiment, aux environs de Dawson, sert de refuge aux cantonniers et aux voyageurs en panne. Le tonneau contient du mazout pour le poêle.

25

LA PASSE DE CHILKOOT (ALASKA ET YUKON)
PAUL VON BAICH

M. Joseph Bucklin et MM. James Fordyce, père et fils. M. Bucklin est de Boise en Idaho; MM. Fordyce sont de Whitehorse au Yukon. Ils descendent le versant alaskien de la passe de Chilkoot en juillet. Des milliers de prospecteurs en route pour Dawson et le Klondike, lors de la ruée vers l'or de 1896-1898, ont emprunté ce passage.

26/27

LA ROUTE SIXTY MILE (YUKON)
PAUL VON BAICH

A la mi-septembre, l'Alaska se perd dans le lointain. Les arbres jaunes sont des trembles et les verts, des épinettes blanches.

28

LA ROUTE DE HAINES (ALASKA)
PAUL VON BAICH

M. Jim Kasner. M. Kasner est de Seal Rock en Orégon, petite ville située sur la côte du Pacifique des Etats-Unis. Le voici au mille 33 de la route de Haines.

29

HAINES JUNCTION (YUKON)
PAUL VON BAICH

M. Lloyd Cudmore. M. Cudmore est un routier originaire de Whitehorse. Haines Junction est l'endroit où la route qui part de Haines en Alaska rejoint la route de l'Alaska, au Yukon. Ce qu'on appelle maintenant la route de Haines est utilisée pour le commerce depuis de nombreuses années et les Chilkats y avaient recours pour assurer le trafic entre les tribus de la côte et celles de l'intérieur.

30/31

LITTLE GOLD CREEK (YUKON) ET POKER CREEK (ALASKA)
PAUL VON BAICH

Little Gold Creek se trouve à environ 69 milles (111 km) à l'ouest de Dawson et Poker Creek est à une cinquantaine de verges (45,7 m) à l'ouest. Le seul bâtiment de Little Gold Creek est le bureau de la douane canadienne où loge le douanier de service qui ouvre quotidiennement la frontière à 9 h et la ferme à 21 h. Il a 4 jours de congé tous les 10 jours de travail. La route devient impraticable en hiver, entraînant ainsi la fermeture de Little Gold Creek de la fin d'octobre au début de mai.

32

AUX ENVIRONS D'EAGLE (ALASKA)
PAUL VON BAICH

Cette photographie aérienne de la frontière entre l'Alaska et le Yukon, le long du 141e méridien, laisse voir, à l'arrière-plan, le fleuve Yukon. Là où la frontière traverse les forêts et les broussailles, la Commission frontalière internationale (dans laquelle chaque pays est représenté par un commissaire et ses assistants) entretient de part et d'autre de la ligne de démarcation une tranchée large de 10 pieds (3,05 m). William Ogilvie a effectué les premiers relevés topographiques de cette section de la frontière près du fleuve Yukon, au cours des hivers 1887 et 1895. Ogilvie avait chargé son matériel d'arpenteur sur un traîneau tiré par des chiens et il avait remonté le fleuve gelé. Il ne pouvait chauffer son observatoire de rondins parce que les ondes d'air chaud auraient déformé l'image de la lune. Par la suite, les repérages télégraphiques ont confirmé qu'il avait déterminé, à une demi-seconde près, l'heure de Greenwich. Ogilvie devint ensuite Commissaire du Yukon et écrivit deux livres sur le territoire et les découvertes d'or.

33

L'ÎLE GRAHAM DANS LES ÎLES REINE-CHARLOTTE
(COLOMBIE-BRITANNIQUE)
DANIEL CONRAD

Sur les 5 000 habitants sédentaires des Iles Reine-Charlotte, il y a environ 1 500 Haïdas. Au XIXe siècle, on les appelait les "Vikings du Pacifique" et on en comptait au moins 8 000 dans les Iles. De nos jours, comme beaucoup des autres insulaires, ils vivent surtout de la pêche, des mines et des forêts. Certains habitants des Iles sont venus d'autres régions du Canada et des Etats-Unis, en quête de solitude.

34

LES MONTS WRANGELL (ALASKA ET COLOMBIE-BRITANNIQUE)
PAUL VON BAICH

M. Carl Gustafson. Les monts Wrangell s'élèvent à l'arrière-plan, juste derrière la jonction des glaciers Rohn et Nizina. Tous les étés, M. Gustafson arpente la frontière pour le compte de la Commission frontalière internationale. Dans ces montagnes, où un faux pas suffirait pour aller s'écraser sur le glacier plusieurs centaines de pieds plus bas, M. Gustafson va au pas de course, paraît-il, un marteau pneumatique sur l'épaule.

35

AUX ENVIRONS DE HAINES JUNCTION (YUKON)
PAUL VON BAICH

MM. Paul McGinnis et D. B. Thompson. Ils réparent des lignes télégraphiques pour le Service des télécommunications du Canadien National.

36 (À GAUCHE)

BENNETT (COLOMBIE-BRITANNIQUE)
PAUL VON BAICH

M. J. D. True. M. True est mécanicien de locomotive sur le chemin de fer White Pass et Yukon Route. Le "White Pass" transporte voyageurs et marchandises, été comme hiver, et roule sur des rails à écartement réduit, de Skagway en Alaska jusqu'à Whitehorse au Yukon. Le train met 6 heures et 15 minutes à parcourir le trajet de 111 milles (179 km). Les voyageurs descendent à Bennett pour prendre le déjeuner au restaurant de la gare qui peut accueillir 600 personnes. La partie du trajet de M. True, qui traverse la frontière à White Pass, couvre la distance entre Skagway et Bennett, d'où il repart sur l'autre train qui arrive à Skagway la même journée.

36 (À DROITE)

WHITEHORSE (YUKON)
PAUL VON BAICH

Mme Andrea Davidson. Mme Davidson est chanteuse, danseuse et comédienne. Son mari est pianiste. L'été, ils présentent leur spectacle au Diamond Tooth Gertie's, un cabaret de Dawson. On voit ici Andrea Davidson à Whitehorse à l'époque du *Rendezvous*, fêtes annuelles qui attirent, pendant une semaine en février, des gens des deux côtés de la frontière.

37

HAPPY CAMP (COLOMBIE-BRITANNIQUE)
PAUL VON BAICH

Mme Ellen Rosenberg (à droite), sa mère et sa fille. Mme Rosenberg demeure à Toronto. Elles sont photographiées, au mois de juillet, près de la passe de Chilkoot à la frontière de l'Alaska et de la Colombie-Britannique.

38/39

ROUTE DE HAINES (COLOMBIE-BRITANNIQUE)
PAUL VON BAICH

A l'approche de la passe de Chilkat, les conducteurs qui suivent la route de Haines gardent toujours leurs phares allumés, moins pour voir que pour être vus. La route est balisée parce que l'hiver, elle disparaît sous la neige.

40

PLEASANT CAMP (COLOMBIE-BRITANNIQUE)
PAUL VON BAICH

M. John Morris et Mlle Lorna Hoover (à gauche) de Ketchikan (Alaska) et MM. Don E. Hess et Pete Allen de Haines.

Pleasant Camp est un poste-frontière entre la Colombie-Britannique et l'Alaska situé au mille 42 de la route de Haines.

41

WHITEHORSE (YUKON)
PAUL VON BAICH

M. Jim Murdoch et son épouse, Debbie (à droite et au centre). M. Murdoch dirige *Frantic Follies*, une revue dans laquelle il joue lui-même et qui comprend des chansons, des danses, des saynètes, des airs de cornemuse, des récitations de textes de Robert W. Service et des duos à la scie musicale. La revue, montée par une compagnie de 12 interprètes dont fait partie Debbie Murdoch, a lieu pendant l'été à Whitehorse.

42/43

LE MILLE 1221, SUR LA ROUTE DE L'ALASKA
PAUL VON BAICH

Le district international des Kiwanis, qui a élevé ce monument à la paix, comprend l'Orégon, l'état de Washington, la Colombie-Britannique, le Yukon et l'Alaska; c'est le seul district de l'Amérique du Nord dont le territoire est à cheval sur la frontière entre les Etats-Unis et le Canada.

44

EAGLE (ALASKA)
PAUL VON BAICH

Eva–cette jeune femme a dit tout simplement que son nom était "Eva". Eagle se trouve à quelque 340 milles (544 km) au nord du golfe de l'Alaska, au bord du fleuve Yukon sur la ligne de démarcation du Yukon. Aucune route ne relie Eagle au Canada.

45

FRONTIÈRE DE L'ALASKA ET DU YUKON
PAUL VON BAICH

Le massif Saint-Elie. Les pics à l'arrière-plan sont en Alaska; au premier plan, le Yukon. Le massif Saint-Elie part du sud-est de l'Alaska, traverse le sud-ouest du Yukon et le nord-ouest de la Colombie-Britannique, puis revient aux Etats-Unis au nord de la queue de l'Alaska.

46/47

LA PASSE DE CHILKOOT (ALASKA ET COLOMBIE-BRITANNIQUE)
PAUL VON BAICH

La passe de Chilkoot en été. L'Alaska est au premier plan et la Colombie-Britannique, à gauche et aussi au fond, à droite, émergeant des nuages. Le repère que l'on voit au centre indique le sommet du col.

48

AUX ENVIRONS DE SQUAW CREEK (COLOMBIE-BRITANNIQUE)
PAUL VON BAICH

Squaw Creek est un village abandonné situé au bord de la Tatshenshini sur la ligne de démarcation entre le Yukon et la province de la Colombie-Britannique, près de la queue de l'Alaska. A environ 40 milles (64 km) de Squaw Creek, près de la frontière qui sépare le Yukon de l'Alaska, se dresse le mont Logan qui, avec une altitude de 19 524 pieds (5 951 m), est la plus haute montagne du Canada.

49 (À GAUCHE)

HAINES JUNCTION (YUKON)
PAUL VON BAICH

Mlle Jessica Takce. Haines Junction est situé à 159 milles (256 km) au nord de la ville de Haines en Alaska. Ces deux localités et la route qui les relie sont ainsi nommées en l'honneur de Mme F. E. Haines, qui fut secrétaire du Presbyterian Home Missions Board vers la fin du XIXe siècle. Mme Haines demeurait à Philadelphie.

49 (À DROITE)

INLET CHILKOOT (ALASKA)
PAUL VON BAICH

M. Jim Doran. M. Doran est officier en second de l'Alaska State Ferry M/V *Taku*. L'Inlet Chilkoot constitue la partie septentrionale du canal Lynn, fjord de l'océan Pacifique. Haines est situé sur l'Inlet Chilkoot.

50

LA ROUTE DE HAINES À STONEHOUSE CREEK
(COLOMBIE-BRITANNIQUE)
PAUL VON BAICH

La route de Haines culmine à 3 493 pieds (1 065 m) au mille 65,3. Le faîte du mont Seltat, que l'on aperçoit au loin, se trouve à la frontière de l'Alaska et de la Colombie-Britannique.

51

BOUNDARY (ALASKA)
PAUL VON BAICH

M. Action Jackson. Boundary se trouve à 6 milles (9,7 km) à l'ouest de Poker Creek, sur la frontière entre l'Alaska et le Yukon, et à 75 milles (121 km) à l'ouest de Dawson. Action Jackson tient un petit établissement qui comprend un bar, un restaurant, une station-service et quelques chambres-cabines, tout près d'un terrain d'atterrissage exploité par le gouvernement. La population totale de Boundary est de 6 personnes.

52

LA PASSE DE CHILKOOT (ALASKA)
PAUL VON BAICH

Le docteur T. Potsepp (à droite), Mlle Jill Renfrew, M. Art Mortvedt, Douglas, le neveu du docteur Potsepp, et Mlle Aimée Nassoiy (à gauche). Le chien appartient au docteur. Les Chilkoots, qui ont donné leur nom au col, font partie du peuple Chilkat qui vivait dans le village de Chilkoot à environ 10 milles (16 km) au nord de Haines, en Alaska. D'après le recensement de 1880, le village de Chilkoot comptait 127 habitants, mais il semble qu'il ait disparu au cours des dix années suivantes, puisqu'il ne figure pas dans le recensement de 1890. La plupart des Chilkoots vivent maintenant à Haines.

53

LA CHAÎNE CÔTIÈRE (COLOMBIE-BRITANNIQUE ET ALASKA)
PAUL VON BAICH

La Chaîne côtière reçoit des précipitations annuelles très fortes. Les aulnes croissent à profusion entre les glaciers, même en septembre.

54/55

AUX ENVIRONS DE CARMACKS (YUKON)
PAUL VON BAICH

Trembles, le long de la route du Klondike, en septembre. Carmacks n'est pas vraiment une ville-frontière, mais l'homme dont elle porte le nom fut indirectement responsable de la plus importante ruée, de toute l'histoire, des citoyens américains sur le Canada. Le 16 août 1896, George Washington Carmack, de l'état d'Illinois, et ses deux compagnons, Tagish Charlie et Skookum Jim, suivant les conseils d'un certain Henderson de la Nouvelle-Ecosse, découvrirent de l'or à Rabbit Creek, affluent du fleuve Klondike, à 75 milles (121 km) de la frontière Alaska-Yukon. Pendant l'été 1897, la nouvelle de cette découverte se répandit à Seattle, et environ 30 000 personnes, la plupart venant des Etats-Unis, affluèrent au Yukon au cours de l'année suivante. En 1900, les orpailleurs avaient extrait pour quelque 22 millions de dollars du précieux métal, non sans peine car le sol de la région du Klondike est souvent gelé; mais la fièvre de l'or se dissipa dès 1901 et de nombreux prospecteurs reprirent la route des Etats-Unis.

57

WHITE ROCK (COLOMBIE-BRITANNIQUE) ET BLAINE (WASHINGTON)
JOHN DE VISSER

A l'endroit où les automobiles franchissent la frontière entre White Rock et Blaine se dresse, au milieu de vastes jardins fleuris, un grand arc de paix de style romain. A peu de distance à l'ouest, sur la voie ferrée, seul ce panneau indique aux voyageurs et aux cheminots qu'ils changent de pays. La baie Semiahmoo apparaît à l'arrière-plan.

58

WHITE ROCK (COLOMBIE-BRITANNIQUE) ET BLAINE (WASHINGTON)
JOHN DE VISSER

Du côté ouest de la baie Boundary, le 49e parallèle, soit la frontière, touche terre brièvement pour traverser la péninsule Pointe Roberts. Toute l'île Vancouver est canadienne, bien que le bout de l'île où se trouve d'ailleurs Victoria, capitale de la Colombie-Britannique, s'étend à plusieurs milles au sud du 49e parallèle.

59

DÉTROIT JUAN DE FUCA
DANNY SINGER

A bord du bac faisant la navette entre Anacortes (Washington) et Sidney (Colombie-Britannique), un matelot change de drapeau lorsque le bateau passe la frontière internationale.

60

FLATHEAD (COLOMBIE-BRITANNIQUE)
ET PARC NATIONAL GLACIER (MONTANA)
JOHN DE VISSER

Le 49e parallèle coupe les Montagnes Rocheuses. Le tracé exact de la frontière a été établi en deux étapes. De 1856 à 1861, les arpenteurs-géomètres d'une commission anglo-américaine, partis de Pointe Roberts, se sont enfoncés vers l'intérieur et ont atteint le sommet des Montagnes Rocheuses. Entre 1872 et 1874, une deuxième commission anglo-américaine, dont le côté anglais était dirigé par un Canadien, a poursuivi le tracé de la frontière vers l'ouest, à partir du Lac des Bois.

61

AUX ENVIRONS D'EUREKA (MONTANA)
PIERRE GAUDARD

Cowboy au travail. Le Montana occupe la treizième place aux Etats-Unis pour l'élevage du bétail. La frontière internationale est visible dans le coin supérieur gauche de la photo. Eureka est au nord-ouest du Montana, à 45 milles (72 km) de l'état d'Idaho et à 10 milles (16 km) du Canada.

62/63

PARC PROVINCIAL MANNING (COLOMBIE-BRITANNIQUE)
FREEMAN PATTERSON

Le parc Manning s'étend vers le nord à partir de la frontière de l'état de Washington, à 150 milles (241 km) à l'est de Vancouver; il occupe un territoire de 281 milles carrés (730 km²). En hiver, on y fait du ski et, en été, du camping, de la marche en forêt et de la pêche.

64

SAPPHO (WASHINGTON)
NINA RAGINSKY

M. L. W. ("Red") Muma (à gauche) et M. Keith Muma. Avant leur retraite, ils étaient bûcherons. Sappho est situé du côté ouest de la péninsule Olympic, à 15 milles (24 km) au sud du détroit Juan de Fuca qui sépare l'état de Washington de l'île Vancouver, en Colombie-Britannique.

65

AUX ENVIRONS DE VICTORIA (COLOMBIE-BRITANNIQUE)
ROBERT MINDEN

M. Jim Bartholow. M. Bartholow fait l'élevage du bétail près de Victoria, sur l'île Vancouver. Victoria a la réputation de jouir du climat le plus doux au Canada.

66/67

AUX ENVIRONS D'OSOYOOS (COLOMBIE-BRITANNIQUE)
FREEMAN PATTERSON

Osoyoos est un village-frontière de la vallée de l'Okanagan. Des deux côtés de la frontière, la vallée est une riche région fruitière. Au Canada, on y cultive les pommes, les pêches, les abricots, les cerises, les tomates et, près d'Osoyoos, les melons. Dans l'état de Washington, cette vallée est considérée, avec la vallée de Wenatchee située à 100 milles (161 km) plus au sud, comme l'une des principales régions pour la culture des pommes aux Etats-Unis.

68

OSOYOOS (COLOMBIE-BRITANNIQUE)
FREEMAN PATTERSON

Osoyoos vue d'Anarchist Mountain, qui se dresse à l'est de la ville. La photo montre une partie du lac Osoyoos et l'extrémité est du col Richter. Au pied de ce belvédère, sur la Réserve

Salishan, se trouve un désert de faible étendue où la moyenne annuelle des précipitations est inférieure à 8 pouces (203 mm). On y trouve des figuiers de Barbarie, des lièvres de Townsend, des lézards-crapauds, des tortues peintes et le plus petit oiseau du Canada, le colibri de Calliope.

69
PORT TOWNSEND (WASHINGTON)
NINA RAGINSKY
M. et Mme Frank Pilling. Port Townsend se trouve à la pointe nord-est de la péninsule Olympic, à l'entrée du Puget Sound.

70/71
L'ÎLE SAN JUAN (WASHINGTON)
DANNY SINGER
San Juan est l'une des 172 îles de l'archipel du même nom qui constitue l'extrémité nord-ouest de l'état de Washington. C'est sur cette île qu'en 1859 éclata "l'affaire du cochon", querelle de frontière qui a duré douze ans et au cours de laquelle un cochon britannique fut tiré accidentellement dans un champ de pommes de terre américain. Ce fut la seule victime. La frontière actuelle a été établie en 1873. L'île San Juan est donc le dernier endroit de ce qui est maintenant les Etats-Unis où le drapeau britannique ait flotté.

72
AUX ENVIRONS D'EASTPORT (IDAHO)
PIERRE GAUDARD
M. Robert Danquist. La frontière entre l'Idaho et la Colombie-Britannique mesure environ 45 milles (72 km) de longueur et n'est traversée que par deux routes importantes. Le village canadien situé au nord d'Eastport est Kingsgate.

73
DANVILLE (WASHINGTON)
FREEMAN PATTERSON
Danville est un port d'entrée sur la rivière Kettle, à la lisière de la forêt nationale Colville au sud et à l'ouest de Grand Forks en Colombie-Britannique. Le bureau de poste de Danville se trouve à peine à un demi-mille (0,8 km) de la frontière et son personnel compte deux employés. Faute d'école, les écoliers doivent se rendre à Curlew, à 10 milles (16 km) au sud.

74/75
L'ÎLE ORCAS (WASHINGTON)
NINA RAGINSKY
Mme Warren Austin (à gauche), Mlle Carol Nicol (à droite) et Mme Alice Driemel. Ces dames portent des costumes d'époque pour les festivités du 4 juillet. Carol Nicol est l'arrière-petite-fille, par son père et par sa mère, de pionniers qui se sont établis dans les îles San Juan, dont l'île Orcas est la plus grande.

76
MIDWAY (COLOMBIE-BRITANNIQUE)
ROBERT MINDEN
M. Andrew Swanlund. M. Swanlund travaille pendant une partie de l'année pour un fermier et le reste du temps pour le village de Midway où il est chargé de l'entretien de l'équipement des terrains de jeu et du matériel de la municipalité.

77
AUX ENVIRONS DE REPUBLIC (WASHINGTON)
NINA RAGINSKY
M. Mike Teal et ses enfants, Linda, Howard et Billy. La famille Teal se trouve près de leur cabane dans la forêt nationale Colville. Republic est un petit village forestier et minier à la lisière de la forêt Colville. Le barrage Grand Coulée est à une cinquantaine de milles (80 km) au sud de Republic.

78
ROOSVILLE (COLOMBIE-BRITANNIQUE)
PIERRE GAUDARD
Situé sur les bords du lac Koocanusa, Roosville est traversé par la route qui relie Eureka (Montana) à Fernie (Colombie-Britannique). La ligne qu'on aperçoit à flanc de montagne, à l'arrière-plan, est le corridor de la frontière internationale.

79
AUX ENVIRONS DE GRAND FORKS (COLOMBIE-BRITANNIQUE)
FREEMAN PATTERSON
Cerf mulet près de la frontière entre la Colombie-Britannique et Washington. Cet animal vit dans la partie occidentale de l'Amérique du Nord, a de grandes oreilles, le poil de sa face brun et blanc et le bout de sa courte queue noir. Contrairement au cerf de Virginie, il ne manifeste aucune crainte et s'approche volontiers lorsqu'on lui tend la main.

80
MOLSON (WASHINGTON)
CHARLES OBERDORF
Mmes Clara Staples et Hilda Loe. Molson est un village-frontière sis à proximité de la rivière Okanogan, à mi-chemin environ entre le détroit de Georgie et la frontière des états de Washington et de l'Idaho.

81
CURLEW (WASHINGTON)
PIERRE GAUDARD
Mme Becky McLemore. Curlew, sur la rivière Kettle, est situé à 10 milles (16 km) au sud de la frontière internationale. Le mari de Mme McLemore, Mark, travaille dans une mine d'or et d'argent près de Curlew.

82/83
WHITE ROCK (COLOMBIE-BRITANNIQUE)
PIERRE GAUDARD
White Rock est situé à 20 milles (32 km) au sud de Vancouver. Les bâtiments à l'arrière-plan se trouvent aux Etats-Unis.

84
AUX ENVIRONS DE FLATHEAD (COLOMBIE-BRITANNIQUE)
ET EUREKA (MONTANA)
JOHN DE VISSER
La ligne de partage des eaux traverse la frontière canado-américaine près du 114° 04′ de longitude ouest, non loin de Flathead et d'Eureka. Lorsque l'on suit le 49e parallèle vers l'ouest, la distance entre la ligne de partage des eaux et l'océan Pacifique est de 410 milles (660 km). Sur tout le parcours, la frontière est jalonnée de 272 bornes en bronze d'aluminium, de 24 piliers en béton indiquant le passage des principales grand-routes et d'un monument de granit haut de 18 pieds (5,5 m) qui se dresse sur la rive occidentale de Pointe Roberts.

85
COLOMBIE-BRITANNIQUE ET MONTANA
JOHN DE VISSER
Le 49e parallèle dans le Chaînon MacDonald des Montagnes Rocheuses. Il se trouve dans la région sud-est de la Colombie-Britannique. Au delà de la frontière, dans le Montana, il est connu sous le nom de Whitefish.

86/87
LA ROUTE PROVINCIALE 3, MIDWAY (COLOMBIE-BRITANNIQUE)
JOHN DE VISSER
Midway, village-frontière de la Colombie-Britannique, est nommé d'après le Chaînon Midway des Montagnes Rocheuses.

88
SARDIS (COLOMBIE-BRITANNIQUE)
ROBERT MINDEN
Jill Townsend. Sardis est une petite ville au sud du fleuve Fraser et à 8 milles (13 km) environ de la frontière internationale. La Transcanadienne, qui traverse le pays de Saint-Jean (Terre-Neuve) à Victoria (Colombie-Britannique), sur une distance de 4 891 milles (7 874 km), passe tout près de Sardis.

89
AUX ENVIRONS DE SEQUIM (WASHINGTON)
NINA RAGINSKY
Sequim (prononcé "squouim") est situé sur la péninsule Olympic, à quelque 5 milles (8 km) du détroit Juan de Fuca. Le détroit tire son nom d'un navigateur grec du 16e siècle qui se donnait le nom de Juan de Fuca mais dont le nom véritable était Apostolos Valerianos.

90/91

PARC NATIONAL GLACIER (MONTANA)
PIERRE GAUDARD

Le parc international de la paix Waterton-Glacier a été créé par le Canada et les Etats-Unis en 1932. Une partie se trouve en Alberta et l'autre au Montana. Il n'y a que deux postes de douanes, l'un canadien et l'autre américain, tous deux installés à l'endroit où la route Chief Mountain franchit la frontière et sont ouverts du 15 mai au 15 septembre.

92

PORT TOWNSEND (WASHINGTON)
NINA RAGINSKY

M. "Fuzzy" Crutcher (à gauche) et M. Bill Clark. Port Townsend était autrefois l'un des ports les plus actifs de la côte ouest des Etats-Unis. En 1908, il a exporté pour 37 millions de dollars de marchandises, se plaçant ainsi en tête de tous les ports de la côte ouest des Etats-Unis. La même année, ses importations ont atteint un montant de 22 millions et seul San Francisco le devançait dans ce domaine.

93

COLUMBIA FALLS (MONTANA)
NINA RAGINSKY

M. Otto Schultz (à droite) et M. Dan Huffine. M. Schultz est propriétaire de la Mountain View Fly Tying Shop à Columbia Falls.

94/95

L'ILE ORCAS (WASHINGTON)
DANNY SINGER

Vue prise du mont Constitution qui est, à 2 400 pieds (730 m), le point culminant de l'archipel San Juan. On aperçoit un bac faisant la navette entre Sidney, sur l'île Vancouver (Colombie-Britannique) et Anacortes, dans l'état de Washington.

96

TRAIL (COLOMBIE-BRITANNIQUE)
PIERRE GAUDARD

Trail est une ville de 12 000 habitants située à 275 milles (442 km) à l'est de Vancouver et à 10 milles (16 km) au nord de la frontière de l'état de Washington. C'est un centre de fonte et d'affinage du zinc et du plomb et de fabrication d'acide sulphurique et d'engrais.

97

EUREKA (MONTANA)
FREEMAN PATTERSON

Bien que sa population soit moins de 2 500 habitants, Eureka est la ville la plus importante dans un rayon de plus de 50 milles (80 km). On y trouve une école primaire et une école secondaire qui groupent environ 300 élèves chacune. Une dizaine d'entre eux sont des Canadiens vivant juste au nord de la frontière entre la Colombie-Britannique et le Montana.

98

POINTE ROBERTS (COLOMBIE-BRITANNIQUE)
ET POINTE ROBERTS (WASHINGTON)
PIERRE GAUDARD

La chaîne marque la frontière. Pointe Roberts, étroite péninsule à 20 milles (32 km) de Vancouver, déborde légèrement le 49e parallèle et s'étend sur quelques milles carrés aux Etats-Unis, tout en étant entièrement détachée du reste du pays par des cours d'eau ou le Canada. Plusieurs maisons appartiennent à des gens de Vancouver qui viennent y passer leurs vacances. Quelques familles américaines y vivent à longueur d'année et leurs enfants doivent parcourir une distance de 50 milles (80 km) par jour, en passant par le Canada, pour se rendre à l'école de Blaine (Washington).

99

VICTORIA (COLOMBIE-BRITANNIQUE)
ROBERT MINDEN

M. Ralph Krasney. M. Krasney est propriétaire du Palmer's Stove Store à Victoria. A l'origine, la ville de Victoria, fondée en 1843 par la Compagnie de la baie d'Hudson qui voulait y établir un comptoir, s'appelait Fort Albert en l'honneur du prince consort. Le nom lui avait été donné par James Ross, un des responsables du comptoir. Les autorités s'empressèrent d'en changer le nom afin d'honorer la souveraine.

100

AUX ENVIRONS DU PARC INTERNATIONAL DE LA PAIX
DE WATERTON-GLACIER (ALBERTA ET MONTANA)
JOHN DE VISSER

Le parc des lacs Waterton, au Canada, couvre une superficie de 203 milles carrés (530 km²), de sorte qu'il est le plus petit des deux parcs internationaux qui se rencontrent à la frontière du Montana et de l'Alberta. Le parc Glacier, du côté du Montana, a une superficie de 1 564 milles carrés (4 100 km²). Ensemble, les deux parcs, canadien et américain, constituent le parc international de la paix de Waterton-Glacier, qui est ainsi plus grand que l'état du Rhode Island et presque aussi grand que la province de l'Ile-du-Prince-Edouard.

101

AUX ENVIRONS DE MOUNTAIN VIEW (ALBERTA)
FREEMAN PATTERSON

Ce ranch se trouve au Canada. La montagne Chief Mountain a 9 066 pieds (2 763 m) d'altitude et se trouve dans la partie américaine du parc international de Waterton-Glacier.

102/103

AUX ENVIRONS DE NIGHTHAWK (WASHINGTON)
FREEMAN PATTERSON

Au sud de la frontière, dans l'état de Washington, le bétail peut paître tout au long de l'hiver dans la région de l'Okanogan. Au Canada, le nom de la rivière et de la vallée s'épelle "Okanagan", alors qu'aux Etats-Unis on écrit "Okanogan".

105

AUX ENVIRONS DE PEMBINA (DAKOTA DU NORD),
EMERSON (MANITOBA), ST. VINCENT ET NOYES (MINNESOTA)
JOHN DE VISSER

Dans ces plaines, cette bande de terre non cultivée constitue la frontière. Il est permis aux propriétaires de terres qui s'étendent jusqu'à la frontière, ou au-delà, de les cultiver ou, s'ils le désirent, de les conserver en friche de façon à pouvoir les utiliser pour le passage de leurs machines agricoles. Au Canada et aux Etats-Unis, il est illégal d'ériger un bâtiment quelconque à moins de 10 pieds (3,05 m) de la frontière. Le corridor de la frontière doit être libre d'obstacles en tout temps.

106/107

SWEETGRASS (MONTANA) ET COUTTS (ALBERTA)
FREEMAN PATTERSON

Le poste de Coutts-Sweetgrass, sur la route principale entre Lethbridge (Alberta) et Great Falls (Montana), est un des points de passage les plus fréquentés de la frontière des Prairies. C'est à Sun River, près de Great Falls, que Louis Riel, qui s'était marié et était devenu citoyen américain, a repris la route de son pays natal en 1884 pour devenir le porte-parole des mécontents de l'ouest du Canada qui accusaient le gouvernement de ne pas prendre leurs griefs au sérieux.

108

AUX ENVIRONS D'ETZIKOM (ALBERTA)
NINA RAGINSKY

Ecolières de la colonie huttérite de Rosedale. Les Huttérites doivent leur nom à un anabaptiste tyrolien du XVIe siècle, Jacob Hutter. Ce sont des pacifistes; ils vivent et travaillent en communauté dans la conviction que tous leurs membres ne forment qu'un seul être et qu'ils doivent donc prendre leurs repas ensemble, et tout partager.

109

AUX ENVIRONS D'ETZIKOM (ALBERTA)
NINA RAGINSKY

Les garçons du jardin d'enfants de l'école huttérite de Rosedale. Les colonies huttérites, qui sont des enclaves ethno-religieuses, furent fondées en Amérique du Nord à Tabor (Dakota du Sud) entre 1870 et 1880. Au début du XXe siècle, beaucoup d'Huttérites vinrent s'établir au Canada. Ils sont environ 4 000 aux Etats-Unis et près de 18 000 au Canada.

110

MANYBERRIES (ALBERTA)
NINA RAGINSKY

MM. Victor Goulet et Lawrence Shortor. MM. Goulet et Shortor travaillent respectivement comme employé et contre-maître de secteur au compte de la compagnie de chemin de fer Canadien Pacifique. Manyberries est la traduction anglaise d'un terme du vocabulaire des Pieds Noirs évoquant les merises de Virginie et les amélanches qui poussent à profusion dans cette partie de la province.

111

MANYBERRIES (ALBERTA)
NINA RAGINSKY

MM. Jim, Wilfren et Fred Gracey et MM. Stan et Emil Stuber, tous de Manyberries. Manyberries est situé à 8 milles (13 km) du lac Pakouki, dans le sud-est de l'Alberta.

112

TOLSTOI (MANITOBA)
JOHN DE VISSER

Tolstoi est un hameau de cinquante feux, situé au sud-est du Manitoba, à six milles (9,7 km) au nord de la frontière du Minnesota. Lors de sa fondation par des pionniers ukrainiens en 1896, il fut baptisé Oleskiw. Un officier de l'Armée américaine, Theodore Kochan, vint s'établir dans cette région en 1905 et réussit à faire changer le nom d'Oleskiw à Tolstoi.

113

GARDENTON (MANITOBA)
JOHN DE VISSER

Gardenton est situé à 6 milles (9,7 km) à l'est de Tolstoi (Manitoba) et à 6 milles (9,7 km) au nord de la frontière internationale. C'est à Gardenton que l'on trouve la plus ancienne église orthodoxe ukrainienne du Canada. Le National Home était autrefois un centre culturel doté d'une bibliothèque qui présentait des conférences et encourageait les membres de la communauté à monter des pièces de théâtre; on s'en sert surtout aujourd'hui pour des réunions municipales et des fêtes.

114/115

AUX ENVIRONS DE CLIMAX (SASKATCHEWAN)
JOHN DE VISSER

Un champ de blé de la Saskatchewan. Climax se trouve dans le coin sud-ouest de la province de la Saskatchewan, à proximité des villages de Frontier, Divide et Consul. La Saskatchewan produit près des deux tiers du blé cultivé au Canada.

116

LANDA (DAKOTA DU NORD)
JOHN DE VISSER

M. Carl Hjelmeland. M. Hjelmeland, né en Norvège il y a plus de 70 ans, est bijoutier-horloger à Landa. Cette agglomération est située à 8 milles (13 km) au sud de la frontière du Manitoba et du Dakota du Nord et à 25 milles (40 km) environ de l'endroit où le Manitoba, la Saskatchewan et le Dakota du Nord se rencontrent, près d'Antler (Dakota du Nord).

117

MANYBERRIES (ALBERTA)
NINA RAGINSKY

M. Sam Dixon. M. Dixon fait la culture des pommes de terre. La province d'Alberta vient au cinquième rang des producteurs canadiens de pommes de terre. Le Canada et les Etats-Unis sont à la fois importateurs et exportateurs de ce produit. Chaque année, le Canada vend environ 240 millions de livres (109 000 000 kg) de pommes de terre aux Etats-Unis et en importe environ 150 millions (68 000 000 kg) de ce même pays.

118

DUNSEITH (DAKOTA DU NORD)
PIERRE GAUDARD

M. Robert Adalbert. M. Adalbert et sa famille ont une ferme d'élevage de bétail et de volailles près de Dunseith. Le Jardin international de la paix, très beau parc paysager de 2 339 acres (947 ha) qui chevauche la frontière canado-américaine, se trouve à 15 milles (24 km) au nord de Dunseith.

119

AUX ENVIRONS D'ETZIKOM (ALBERTA)
NINA RAGINSKY

Contrairement aux communautés mennonites les plus sectaires, les collectivités huttérites ont adopté nombre d'inventions du XXe siècle. On ne trouve pas toujours de machines à éplucher les pommes de terre mais ils se servent habituellement d'autres appareils électro-ménagers dans leurs cuisines communautaires comme ils utilisent des machines agricoles modernes sur leurs terres.

120

AUX ENVIRONS DE SIMPSON (MONTANA)
JOHN DE VISSER

Cette église abandonnée est située le long de la route qui va de Havre (Montana) en direction nord-ouest et traverse la frontière à Wild Horse (Alberta).

121

SWEETGRASS (MONTANA) ET COUTTS (ALBERTA)
JOHN DE VISSER

La Commission frontalière internationale a autorisé l'établissement d'une piste d'atterrissage internationale et la construction d'une route dans le couloir de démarcation qui s'étend entre Coutts et Sweetgrass. Cette dernière localité emprunte son nom au terme anglais "sweetgrass", la glycérie septentrionale qui pousse dans les prairies de cette région de l'Alberta et du Montana et dont les Pieds Noirs se servaient volontiers pour fabriquer des paniers et pour bourrer leurs calumets de paix.

122/123

AUX ENVIRONS DE LEAVITT (ALBERTA)
DANNY SINGER

Cette église accueille quelque 20 fidèles des fermes d'élevage qui étendent leurs ondulations au sud-ouest de Cardston (Alberta), village qui doit son nom à son fondateur Ora Card, membre de l'Eglise de Jésus Christ des Saints des Derniers Jours, qui vint s'établir dans la région au tournant du siècle.

124

ST. VINCENT (MINNESOTA)
JOHN DE VISSER

M. Robert-J. Rondeau. M. Rondeau est le maître de poste de St. Vincent, localité au nord-ouest de l'état du Minnesota. Son grand-père était natif de Trois-Rivières (Québec).

125

STIRLING (ALBERTA)
SPITERI

M. Ben Quon. M. Quon est l'un des nombreux ouvriers d'origine chinoise qui travaillèrent à la construction de la ligne de chemin de fer du Canadien Pacifique. Après son départ de la compagnie, il alla s'établir comme négociant à Stirling. Pour diverses raisons, cette ville a depuis connu le déclin et plusieurs de ses immeubles sont abandonnés. Le fils de M. Quon est propriétaire d'un établissement qui est à la fois bureau de poste, café, épicerie, quincaillerie et qui se trouve à deux pas de la salle de billards où l'on voit M. Quon.

126

SHERWOOD (DAKOTA DU NORD)
JOHN DE VISSER

Il faut environ un quart d'heure à bicyclette pour se rendre du Border Theatre de Sherwood jusqu'à la frontière séparant le Dakota du Nord de la Saskatchewan.

127

TRAILCREEK (MONTANA)
JOHN DE VISSER

Le poste-frontière de Trailcreek, dans le nord-ouest du Montana, est situé sur une route qui n'est empruntée qu'en été et quasi exclusivement par des camions transportant des billes de bois aux Etats-Unis. Il n'y a pas de poste de douane canadien car, en dehors des usagers habituels, rares sont les véhicules en provenance des Etats-Unis; le service des douanes est donc souvent assuré par l'agent de la Gendarmerie royale du Canada le plus proche.

128

EMERSON (MANITOBA)
JOHN DE VISSER

Emerson, ville sise sur la rivière Rouge, à la frontière canado-américaine, a été fondée par deux habitants du Minnesota et baptisée en souvenir du philosophe et poète américain, Ralph Waldo Emerson. Par contre, la ville de Pembina (Dakota du Nord) à 5 milles (8 km) au sud d'Emerson, doit son existence à des Canadiens.

129

REGWAY (SASKATCHEWAN)
JOHN DE VISSER

La route 6 de la Saskatchewan part du village de Choiceland au nord de la province, descend en droite ligne vers le sud, en passant par la capitale Régina, et atteint la frontière à Regway, où elle devient la route 256 du Montana; elle continue vers le sud, dans l'état du Montana, jusqu'au village de Plentywood – soit, au total, une distance d'environ 330 milles (531 km).

130/131

AUX ENVIRONS DE PEMBINA (DAKOTA DU NORD), EMERSON (MANITOBA), ST. VINCENT ET NOYES (MINNESOTA)
JOHN DE VISSER

Dans les Prairies, là où presque tous les fidèles de beaucoup d'églises sont des agriculteurs, ils n'est pas rare de trouver une église qui s'élève, solitaire, au milieu des champs de blé. Celle-ci se trouve entre les villes de Pembina, d'Emerson, de St. Vincent et de Noyes, qui sont toutes situées dans un rayon de 5 milles (8 km) du point, sur la rivière Rouge, où la province du Manitoba rencontre l'état du Minnesota et l'état du Dakota du Nord.

132

GAINSBOROUGH (SASKATCHEWAN)
JOHN DE VISSER

M. Hillis Moore. M. Moore est à la fois producteur de blé et éleveur de bestiaux près de Woodnorth (Manitoba). Il se rend régulièrement à la foire annuelle de Gainsborough, à 60 milles (97 km) environ de chez lui, pour y présenter ses chevaux de selle et ses chevaux de trait.

133

SCOBEY (MONTANA)
JOHN DE VISSER

M. Mac Branden. Avec l'aide de plusieurs autres personnes, M. Branden a participé à la restauration de cette église orthodoxe ukrainienne du début du XXe siècle. Elle fait maintenant partie du Daniels County Museum and Pioneer Town. Scobey se trouve dans la partie nord-est de l'état du Montana.

134/135

LE PORT DE PIEGAN (MONTANA) ET CARWAY (ALBERTA)
DANNY SINGER

Les postes-frontières du port de Piegan-Carway se trouvent à l'est du parc Waterton-Glacier. Pendant l'été, les douaniers y sont très occupés; l'hiver, il ne passe parfois qu'un seul véhicule par heure. Carway est situé à l'extrémité sud de la route 2 de l'Alberta qui mène vers le nord aux villes de Calgary et d'Edmonton et longe ensuite le Petit lac des Esclaves, jusqu'à Peace River et Grande-Prairie.

136

CONSUL (SASKATCHEWAN)
JOHN DE VISSER

Un hôtel abandonné. Consul est un petit village composé de quelques maisons, d'un silo et d'un magasin général; il est situé à environ 25 milles (40 km) au sud du parc provincial de Cypress Hills.

137

WEST POPLAR (SASKATCHEWAN)
JOHN DE VISSER

Les véhicules commerciaux devant circuler de part et d'autre de la frontière portent généralement les deux plaques d'immatriculation. West Poplar se situe à la frontière du Montana et de la Saskatchewan, au sud du village de Killdeer et 45 milles (72 km), à vol d'oiseau, du village d'East Poplar.

138

CARDSTON (ALBERTA)
DANNY SINGER

M. Roderick Shot Both Sides. M. Shot Both Sides vit dans la Réserve des Gens-du-Sang à Cardston. Son grand-père, cultivateur prospère, réputé pour ses idées progressistes, était le grand chef des tribus des Gens-du-Sang. Leur réserve qui s'étend sur 540 milles carrés (1 400 km²) est l'une des plus grandes du Canada et aussi l'une des plus florissantes.

139

AUX ENVIRONS DE COUTTS (ALBERTA)
FREEMAN PATTERSON

Coutts, sur la frontière du Montana, est l'un des points les plus arides de l'Alberta. La précipitation totale annuelle y est d'environ 17 pouces (430 mm). Dans le sud de l'Alberta, la neige fond souvent rapidement à cause des vents chauds du chinook qui soufflent de la côte du Pacifique. Ils doivent leur nom aux Chinooks qui vivaient près de l'embouchure du fleuve Columbia et où leurs descendants habitent toujours.

140

AUX ENVIRONS D'ESTEVAN (SASKATCHEWAN)
JOHN DE VISSER

Estevan, ville du sud-est de la Saskatchewan, à 16 milles (25,5 km) de la frontière du Dakota du Nord, a une population de 10 000 habitants.

141

CARDSTON (ALBERTA)
PIERRE GAUDARD

M. Elmo E. Fletcher. L'édifice que l'on voit est le temple albertain de l'Eglise de Jésus-Christ des Saints des Derniers Jours dont M. Fletcher est président. Ce temple a été consacré en 1923. L'Eglise compte 70 000 fidèles au Canada, des congrégations dans les dix provinces et trois millions de membres aux Etats-Unis.

142/143

AUX ENVIRONS DE CARDSTON (ALBERTA)
PIERRE GAUDARD

M. Benjamin A. Hofer. M. Hofer est un fermier huttérite qui habite la colonie d'East Cardston. Cardston est situé dans l'ouest de l'Alberta, à 16 milles (25,5 km) au nord de la frontière et à 26 milles (42 km) à l'est du parc international Waterton-Glacier.

144

AUX ENVIRONS DE CARWAY (ALBERTA)
DANNY SINGER

Il faisait −34,5° C (−30° F) quand cette photo a été prise. Ces arpenteurs du gouvernement de l'Alberta travaillent à un mille (1,6 km) de la frontière internationale.

145

AUX ENVIRONS DE CHIEF MOUNTAIN (ALBERTA)
DANNY SINGER

A l'origine, l'école de Boundary Creek, sise à 3 milles (4,8 km) au nord de la frontière canado-américaine, comprenait deux salles de classe. Après la Guerre mondiale, on les a regroupées en une seule. Vers 1960, elle a été transformée en centre communautaire. Une fois par mois environ, on s'y rend pour une réunion ou parfois pour confectionner, tout en bavardant, des courtepointes. Les enfants qui habitent la région ont maintenant à effectuer un trajet de 18 milles (29 km) pour se rendre à l'école de Cardston en Alberta.

146

AUX ENVIRONS DE LANDA (DAKOTA DU NORD)
JOHN DE VISSER

Un silo dans le Dakota du Nord, non loin de la rivière Souris. A cet endroit, il existe peu de repères visuels qui permettent de distinguer de prime abord les Etats-Unis du Canada. Toutefois, les silos de chaque côté de la frontière ne se ressemblent pas souvent. La plupart des silos américains sont gris argenté, alors que ceux du Canada peuvent être rouges, bleus, ou multicolores, suivant les entreprises qui les exploitent.

147

EMERSON (MANITOBA)
JOHN DE VISSER

M. Walter Ross Forrester. M. Forrester est avocat à Emerson. On voit ici sa maison qui fut construite en 1875.

148

AUX ENVIRONS DE MELITA (MANITOBA)
JOHN DE VISSER

Melita se situe dans le sud-ouest du Manitoba. Certains villages en bordure de la frontière, au Manitoba, ont des noms bizarres et peu communs: Sundown, Crystal City, Pilot Mound, ou encore Windygates.

149

AUX ENVIRONS DE PLENTYWOOD (MONTANA)
FREEMAN PATTERSON

Plentywood se situe au nord-est de l'état du Montana, à 20 milles (32 km) au sud de la frontière qui le sépare de la Saskatchewan. Au cours des siècles, Big Muddy Creek, qui est maintenant un petit affluent du Missouri, a raviné les "badlands" que l'on trouve près de ce ranch abandonné.

150/151

AUX ENVIRONS DE DEL BONITA (ALBERTA)
DANNY SINGER

Bon nombre des premiers colons européens, en route vers ce qu'on nomme aujourd'hui l'Alberta, ont traversé les Etats-Unis en direction de l'ouest; ils sont ensuite remontés vers le nord et sont passés au Canada, tout près de Del Bonita, à un endroit appelé Immigrant Gap, connu sous le nom de Whiskey Gap.

153

BUFFALO (NEW YORK)
PETER CHRISTOPHER

Le Pont de la Paix, qui relie Buffalo à Fort-Erié (Ontario) et qui a été construit en 1927 pour marquer un siècle de paix entre le Canada et les Etats-Unis, est sans doute le point le plus passant de toute la frontière. Avant sa construction, et même quelques années après, un bac faisait la navette entre Buffalo et Fort-Erié. En 1927, le péage était de 25 cents pour une voiture et depuis, il n'a augmenté que de 10 cents. Le pont est administré par le Gouvernement du Canada et par l'état de New York, mais ne reçoit de subvention ni de l'un ni de l'autre.

154/155

TORONTO (ONTARIO)
PETER CHRISTOPHER

La tour du CN, haute de 1 815,4 pieds (553,3 m) et comprenant une antenne pour les services canadiens de communication, un restaurant et un bar, est la plus haute structure libre du monde et s'élève au-dessus du port de Toronto à 14,25 milles (22,9 km) de la frontière canado-américaine, à mi-chemin du lac Ontario. Le port de Toronto, ouvert 9 mois par année, est le port de cargaison canadien le plus actif des Grands Lacs.

156

SAULT-SAINTE-MARIE (ONTARIO)
CURTIS LANTINGA

MM. Henry Royer, John Dorrance et Brad Donaldson (de gauche à droite). MM. Royer, Dorrance et Donaldson travaillent à l'Algoma Steel à Sault-Sainte-Marie (Ontario); cette ville est située sur la rive nord de la rivière Sainte-Marie qui relie le lac Supérieur au lac Huron. Sault-Sainte-Marie (Michigan) se trouve sur la rive sud.

157

FORT FRANCES (ONTARIO)
JOHN DE VISSER

Fort Frances, près du lac à la Pluie, est situé sur la rivière à la Pluie en face d'International Falls (Minnesota); c'est un ancien comptoir pour le commerce des fourrures devenu un centre d'exploitation minière et forestière. La ville a été ainsi baptisée en l'honneur de l'épouse de Sir George Simpson, gouverneur des territoires de la Compagnie de la baie d'Hudson en Amérique du Nord, y compris les terres de Rupert, de 1826 à 1860.

158

BAIE PANCAKE (ONTARIO)
JOHN DE VISSER

La baie Pancake se trouve sur la côte désolée de l'est du lac Supérieur, au nord des deux villes de Sault-Sainte-Marie. La frontière canado-américaine passe à une dizaine de milles (16 km) au large de cette rive. La baie Pancake est le site d'un petit parc provincial de l'Ontario.

159

FORT-ÉRIÉ (ONTARIO) ET BUFFALO (NEW YORK)
JUDITH EGLINGTON

Mme Maria Czepyha. Mme Czepyha habité Buffalo. Elle est assise sur la glace qui recouvre la rivière Niagara à environ deux pieds (61 cm) de la frontière canadienne. Fort-Erié, qui se trouve en face de Buffalo, est une ville de 25 000 habitants.

160

DÉTROIT (MICHIGAN)
PETER CHRISTOPHER

"The Outcasts". "The Outcasts" est l'un des quelque 200 clubs motocyclistes de Détroit.

161

NIAGARA FALLS (NEW YORK)
PETER CHRISTOPHER

Représentantes des clubs féminins de boules de 4 villes (de gauche à droite): Niagara Falls (New York), Buffalo (New York), Niagara Falls (Ontario) et Port Colborne (Ontario).

162/163

BUFFALO (NEW YORK) ET FORT-ÉRIÉ (ONTARIO)
PETER CHRISTOPHER

Les drapeaux du Pont de la Paix de chaque côté de la frontière entre le Canada et les Etats-Unis. Techniquement parlant, celle-ci est constituée par un plan vertical imaginaire, une abstraction. Il divise la terre, l'eau, le sous-sol et l'atmosphère jusqu'aux confins de l'espace interplanétaire, dont les limites n'ont d'ailleurs pas encore été définies légalement.

164

DÉTROIT (MICHIGAN)
PETER CHRISTOPHER

L'honorable Fred W. Kaess. A titre de juge en chef du district de Michigan-Est, le juge Kaess préside les audiences dans cette salle néo-Renaissance lambrissée de marbre et de bois, sise dans le Palais de justice de Détroit.

165

FORT-ÉRIÉ (ONTARIO)
PETER CHRISTOPHER

Plusieurs organismes sont chargés de faire respecter la loi dans la région de Buffalo et de Fort-Erié: la police de l'état de New York, la patrouille frontalière des Etats-Unis, les services de police de Buffalo, la police provinciale de l'Ontario, la police régionale de Niagara (Ontario) et la Gendarmerie royale du Canada.

166/167

CAMPEMENT DE SCOUTS EN ONTARIO
PETER CHRISTOPHER

Des scouts américains d'Explorer Post 293 et de Lincoln Place Boys Service Troop 9 originaires de Pittsburgh (Pennsylvanie), en compagnie de leurs camarades canadiens des 7th Fort Erie (Ontario) Scouts.

168

BUFFALO (NEW YORK)
JUDITH EGLINGTON

M. Jerry Cubanks et Mlle Rita Warren. Buffalo est un des principaux ports de la voie maritime du Saint-Laurent, inaugurée en 1959. C'était également un des ports les plus importants du Canal Erié, achevé en 1825.

169

WINDSOR (ONTARIO) ET DÉTROIT (MICHIGAN)
PETER CHRISTOPHER

Les bacs, qui au premier plan quittent les quais de Windsor, transportent des wagons de chemin de fer et traversent la rivière Détroit jusqu'aux Etats-Unis. Windsor, centre manufacturier de l'automobile, est la grande ville canadienne la plus méridionale et a une population de 250 000 habitants. Elle est située au sud de plusieurs villes américaines importantes, comme Milwaukee, Minneapolis, St. Paul, Spokane et Seattle et même au sud de Détroit.

170

RÉSERVE DES CHIPPEWAS DE SARNIA (ONTARIO)
LUTZ DILLE

M. Clarence Rogers. M. Rogers étudie la musique et la culture des Chippewas et s'occupe activement de mieux faire connaître leur langue. Autrefois, les Chippewas ou Ojibways habitaient le long des rives du lac Huron jusqu'au Dakota du Nord. Ils étaient des pêcheurs et des chasseurs nomades, des experts dans l'art du canotage, des orateurs et conteurs éloquents. Leurs wigwams de forme conique étaient caractéristiques. Il reste encore de nos jours environ 20 000 Chippewas; leur nombre n'a pas beaucoup diminué depuis 200 ans.

171

DÉTROIT (MICHIGAN)
JUDITH EGLINGTON

Kim, Janet, Kathi, Jennifer, Mikki et Lori (de gauche à droite). Elles travaillent comme "Bunnies" au Club Playboy de Détroit. Quinze pour cent de la clientèle habituelle du club vient du Canada.

172

BUFFALO (NEW YORK)
PETER CHRISTOPHER

Le club Buffalo. Le club a été fondé en 1867. Millard Fillmore, 13e président des Etats-Unis, en fut l'un des membres fondateurs. Grover Cleveland, 22e et 24e président des Etats-Unis, en fit aussi partie.

173

DÉTROIT (MICHIGAN)
PETER CHRISTOPHER

M. Roy D. Chapin, fils, et sa femme Loise, dans leur maison de Détroit. M. Chapin est président du conseil d'administration et principal administrateur de l'American Motors Corporation.

174/175

WINDSOR (ONTARIO) ET DÉTROIT (MICHIGAN)
PETER CHRISTOPHER

Le pont Ambassador qui enjambe la rivière Détroit et le tunnel reliant Détroit à Windsor sont les principales voies d'accès entre l'état du Michigan et la province de l'Ontario. Les marchandises peuvent aussi franchir la rivière sur des bacs. La ville de Windsor portait autrefois le nom de La Traverse. En 1836 le nom actuel fut officiellement adopté.

176

WINDSOR (ONTARIO)
MICHAEL SEMAK

Mlle Lynn McCullough. Mlle McCullough avait 19 ans lorsqu'elle a été élue Mademoiselle Windsor 1974 à la fête annuelle des pompiers tenue dans le parc Jackson de Windsor, qui est la grande ville canadienne la plus méridionale. L'extrémité sud de terre ferme au Canada est la Pointe Pelée dans le parc national de la Pointe Pelée, à 40 milles (64 km) au sud-est de Windsor. C'est à la Pointe Pelée que séjournent, en octobre, pour une quinzaine de jours, des milliers de papillons, les monarques, venus de l'ouest de l'Ontario avant leur migration vers les côtes du golfe du Mexique où ils y passent l'hiver. A 8 milles (13 km) plus au sud, se trouve la plus grande île du lac Erié, l'île Pelée, dont les 270 habitants forment une communauté qui porte également le nom d'Île-Pelée; elle constitue l'endroit habité le plus méridional du Canada. L'île Middle, au sud de l'île Pelée, est cependant l'endroit le plus méridional de tout le Canada. Elle est inhabitée.

177

DÉTROIT (MICHIGAN)
PETER CHRISTOPHER

Des culturistes américains et canadiens s'entraînent dans un club de culture physique de Détroit (Michigan).

178

WINDSOR (ONTARIO)
PETER CHRISTOPHER

M. Kenneth C. Saltmarche. M. Saltmarche est le directeur de l'Art Gallery de Windsor.

179

AUX ENVIRONS DE PRESCOTT (ONTARIO)
MICHEL LAMBETH

Le lieutenant-colonel Sterling Spicer. Le lieutenant-colonel Spicer est photographié sur un domaine où est maintenant installée une loge des United Empire Loyalists, mais qui appartient à sa famille depuis 1786.

180

LA RIVIÈRE NIAGARA (ONTARIO ET NEW YORK)
BARRY RANFORD

L'île Navy, dans la rivière Niagara juste au sud des chutes du même nom, fut le théâtre, en 1837, d'une insurrection vite réprimée. William Lyon Mackenzie, ancien maire de Toronto, en était le chef. Comme d'autres du Haut et du Bas-Canada, il rêvait du jour où le Canada "serait libéré de la domination nocive de la Mère patrie". En décembre 1837, Mackenzie se rendit à l'île Navy, proclama la république, instaura un gouvernement provisoire et, avec l'aide de sympathisants américains, rassembla une armée de patriotes. Le 29 décembre 1837, le *Caroline*, navire de ravitaillement de Mackenzie, fut incendié par un groupe de Canadiens sous les ordres du capitaine Andrew Drew. Deux semaines plus tard, Mackenzie s'enfuit de l'île. Aux Etats-Unis, on lui fit un procès pour avoir violé les lois de neutralité et on le condamna à 18 mois de prison. En 1849, grâce à la Loi sur l'amnistie, il put retourner au Canada et reprendre son activité politique. Il mourut en 1861.

181 (EN HAUT)

PORT HURON (MICHIGAN)
LUTZ DILLE

M. Rufus "Too Sweet" Parks. M. Parks a travaillé 50 ans dans la boutique "Bill the Hatter" de Port Huron. L'inventeur Thomas A. Edison, né à Milan dans l'Ohio en 1847, passa son enfance à Port Huron. De toute sa vie, il ne passa que 3 mois sur les bancs de l'école, et ce, à Port Huron.

181 (EN BAS)

PORT HURON (MICHIGAN)
LUTZ DILLE

M. Wilfred Raetzel. M. Raetzel était, jusqu'en 1975, propriétaire et gérant du "Bill the Hatter" de Port Huron fondé par son père 60 ans plus tôt. Port Huron est situé au sud du lac Huron sur la rivière Sainte-Claire. Sur la rive opposée se trouve Sarnia, un des principaux centres industriels du Canada. Les deux villes sont reliées par un pont et par un tunnel ferroviaire.

182/183

NIAGARA FALLS (ONTARIO) ET NIAGARA FALLS (NEW YORK)
PETER CHRISTOPHER

Un pont ferroviaire traverse les gorges de la rivière Niagara, entre les villes de Niagara Falls (New York) et de Niagara Falls (Ontario). Au pied de ces gorges se dressent encore les culées d'un pont qui reliait, autrefois, les deux rives de la Niagara.

184

PRESCOTT (ONTARIO)
MICHEL LAMBETH

Mme Phyllis M. E. Stephenson. Mme Stephenson est membre des United Empire Loyalists et secrétaire correspondante de la Société historique du comté de Grenville (Ontario). Son père était maire de Prescott. Son arrière-arrière-grand-mère était Barbara Ruckle Heck qui, peu après la révolution américaine, quitta les Etats-Unis pour venir s'établir près de Prescott et fonda la première Société méthodiste du Haut-Canada.

185

BUFFALO (NEW YORK)
PETER CHRISTOPHER

M. Charles R. Diebold (à gauche), Mme Charles R. Diebold (assise, à gauche), Mme Charles Diebold III, M. Charles Diebold III, M. Peter DeW. Diebold, M. David K. Diebold (debout, de gauche à droite) et Mme David K. Diebold (assise, à droite). M. Diebold, père, est président et principal administrateur de la First Empire State Corporation. M. Charles Diebold III est président de la Western Savings Bank.

186

SAULT-SAINTE-MARIE (ONTARIO)
CURTIS LANTINGA

M. Robert Soloman. M. Soloman a travaillé à l'Algoma Steel de Sault-Sainte-Marie au cours de l'été 1974. Sault-Sainte-Marie était déjà un petit comptoir pour le commerce des fourrures lorsque la mission des Jésuites y fut fondée en 1668 par le père Jacques Marquette. Cinq ans plus tard, le père Marquette s'en fut explorer le fleuve Mississippi et le descendit jusqu'à la rivière Arkansas en compagnie de l'explorateur, commerçant et aventurier de Québec, Louis Jolliet.

187 (EN HAUT)

BUFFALO (NEW YORK)
PETER CHRISTOPHER

La ville de Buffalo a plus de 100 boîtes de nuit. Elle possède aussi son orchestre symphonique, une galerie d'art très connue, plusieurs restaurants de qualité (dont un sur l'emplacement de la maison qu'habitait l'écrivain américain Mark Twain, en 1870, lorsqu'il était jeune marié et copropriétaire du Buffalo *Express*) et un jardin zoologique.

187 (EN BAS)

DÉTROIT (MICHIGAN)
PETER CHRISTOPHER

En 1701, Antoine de la Mothe Cadillac fonda Fort Pontchartrain qui devait par la suite devenir la ville de Détroit. Quand il fut cédé aux Etats-Unis par les Anglais par le Traité Jay de 1796, le village avait atteint une population de 2 000 habitants. En 1899, Ransom E. Olds mit sur pied la première manufacture de l'automobile de Détroit. En 1975, la ville de Détroit avait une population voisine de 1 500 000 habitants.

188

AUX ENVIRONS DE SAULT-SAINTE-MARIE (ONTARIO)
MICHAEL SEMAK

Mme J. Johnson. Mme Johnson est photographiée dans un train de l'Algoma Central Railway. Cette ligne remonte vers le nord sur 296 milles (475 km) et relie Sault-Sainte-Marie (Ontario) à Hearst (Ontario). Elle assure la correspondance avec le Canadien Pacifique au village de Franz et avec le Canadien National à Oba et à Hearst.

189

DÉTROIT (MICHIGAN)
PETER CHRISTOPHER

M. Martin S. Hayden. M. Hayden est rédacteur en chef du *Detroit News,* vice-président de l'Evening News Association et un des directeurs de l'Economic Club de Détroit.

190/191

OGDENSBURG (NEW YORK) ET JOHNSTOWN (ONTARIO)
PETER CHRISTOPHER

Le fleuve Saint-Laurent, au pont qui relie Ogdensburg à Johnstown. Johnstown est situé à quelques milles au nord-est de Prescott. Un poste militaire, appelé Fort Wellington, fut construit à Prescott au début de la guerre de 1812. Le terrain qui l'entoure est devenu un parc national. Ogdensburg s'élève sur l'emplacement du Fort Présentation, que les Britanniques construisirent au début de la révolution américaine.

192

LES CHUTES NIAGARA (NEW YORK ET ONTARIO)
DON NEWLANDS

Les chutes canadiennes, à droite, appelées le Fer à cheval, ont 162 pieds (49,5 m) de hauteur, soit 5 pieds de moins (1,52 m)

que les chutes américaines. Leur débit varie selon la saison et les conditions climatiques, mais la Commission des parcs de Niagara estime que celui des chutes canadiennes est en moyenne de 1 170 000 gallons (5 220 000 ℓ) à la seconde et celui des chutes américaines, d'environ 130 000 gallons (580 000 ℓ) à la seconde. L'érosion se fait à peine sentir du côté américain, mais on estime qu'elle ronge le sol canadien vers le sud, en direction du lac Erié, à la cadence de 375 pieds (114,3 m) tous les siècles.

193

NIAGARA FALLS (ONTARIO)
PETER CHRISTOPHER

Niagara Falls (Ontario) et Niagara Falls (New York) sont deux centres de villégiature. Sur la rive ontarienne, juste au nord de Niagara Falls, se trouvent les centrales électriques Sir Adam Beck appartenant à l'Hydro Ontario. Sur celle de l'état de New York se trouvent les centrales électriques Robert Moses, propriété de la Power Authority de l'état de New York.

194

SARNIA (ONTARIO) ET PORT HURON (MICHIGAN)
LUTZ DILLE

Paul Walsh (à gauche) et Michael O'Hanley. Le pont Blue Water et un tunnel relient Sarnia à Port Huron.

195

BUFFALO (NEW YORK)
JUDITH EGLINGTON

Mlle Christine Turley, Mlle Theresa Bufford et Mlle Lorraine Young (de gauche à droite). Le poste d'essence se trouve sur l'avenue Jefferson dans le centre-ville de Buffalo. Les principales rues rayonnent de Niagara Square et forment un réseau dont le tracé est inspiré du plan de Washington (D.C.).

196

DÉTROIT (MICHIGAN)
PETER CHRISTOPHER

Le rabbin Richard C. Hertz. Le rabbin Hertz, auteur de nombreux livres et articles, est le grand rabbin de la synagogue Beth El de Détroit.

197

NIAGARA-ON-THE-LAKE (ONTARIO)
PETER CHRISTOPHER

Le major B. Handley Gary. Le major Gary a été décoré de la Croix de Victoria pendant la Première Guerre mondiale. Niagara-on-the-Lake (qui s'appelait autrefois Newark) compte environ 12 500 habitants et est situé à l'extrémité nord-est de la péninsule du Niagara, à l'endroit où la rivière Niagara se jette dans le lac Ontario. De 1792 à 1796, cette ville a été le siège du gouvernement de ce qu'on appelait alors la province du Haut-Canada. La péninsule Niagara produit environ 10 000 000 de gallons (45 500 000 ℓ) de vin par année.

198/199

PRESCOTT (ONTARIO)
PETER CHRISTOPHER

Les propriétaires de voitures anciennes, appartenant à la section régionale Saint-Laurent-Adirondack de l'Antique Car Club of America et à la section régionale Saint-Laurent (Ontario) de l'Antique Car Club of Canada, se réunissent souvent pour des rallyes. Les deux voitures de droite viennent de Prescott, ville riveraine du Saint-Laurent; les deux de gauche viennent des environs de Madrid (New York), petite ville près du pont reliant l'Ontario à l'état de New York, entre Ogdensburg (New York) et Johnstown (Ontario).

200

WINDSOR (ONTARIO)
PETER CHRISTOPHER

Les "Blue Glitters" du Michigan ont participé, en Ontario, aux célébrations du Jour du Canada. Les villes de Windsor et de Détroit coordonnent souvent leurs programmes de festivités pour le Jour du Canada (1er juillet) et le Jour de l'Indépendance (4 juillet), afin que la population des deux rives puisse prendre part aux deux événements.

201

OGDENSBURG (NEW YORK)
MICHEL LAMBETH

Mme Elizabeth Baxter. Mme Baxter, historienne d'Ogdensburg, est assise ici dans le Musée Frederic Remington. Frederic Remington est l'auteur de nombreux tableaux, dessins, et sculptures de cowboys et de divers personnages représentatifs des débuts de la conquête de l'Ouest. Il est né à Canton (New York), non loin d'Ogdensburg, en 1861. Après la mort de l'artiste en 1909, Mme Remington est revenue s'établir à Ogdensburg et a par la suite légué à la ville l'importante collection qu'elle détenait des oeuvres de son mari.

202/203

BUFFALO (NEW YORK)
PETER CHRISTOPHER

Buffalo, deuxième ville de l'état de New York par sa population, fut fondé en 1803 et nommé officiellement "New Amsterdam". Les habitants de la région préféraient l'ancien nom de Buffalo (ou Buffaloe) Creek et Buffalo fut accepté peu après 1812. A l'origine, Buffaloe Creek s'appelait Rivière-aux-Chevaux, nom que lui avaient donné les colons français. Par la suite, les colons anglais optèrent pour Buffalo sans doute en raison des vastes troupeaux de bisons attirés par les terrains salifères.

204

OGDENSBURG (NEW YORK)
MICHEL LAMBETH

Mme Persis Boyesen. Mme Boyesen, historienne de la ville d'Oswegatchie et du village de Heuvelton, dans l'état de New York. Elle est l'ancienne présidente, pour l'état de New York, du comité généalogique des Filles de la Révolution américaine. Le drapeau est un des exemples précurseurs du drapeau américain d'aujourd'hui. Adopté par le second Congrès national réuni à Philadelphie en 1777, il est peut-être l'oeuvre de Betsy Ross. Le drapeau qui figure sur la photographie a été fait à la main, mais nous ignorons tout de l'artisan.

205

LE CAP VINCENT (NEW YORK) ET L'ÎLE WOLFE (ONTARIO)
PETER CHRISTOPHER

Le cap Vincent et l'île Wolfe sont situés à l'extrémité occidentale d'un archipel qui s'étend sur quelque 40 milles (64 km) sur le fleuve Saint-Laurent; on le connaît sous le nom de Mille Iles. Les villes les plus importantes situées sur les rives du fleuve près des Mille Iles sont Gananoque (Ontario), Brockville (Ontario) et Alexandria Bay (New York).

206/207

MASSENA (NEW YORK)
PETER CHRISTOPHER

En tout, la voie maritime du Saint-Laurent est jalonnée de 15 écluses. L'écluse Snell, à Massena, est l'une des deux écluses situées entièrement aux Etats-Unis. Au deuxième plan, on aperçoit le pont international reliant Cornwall (Ontario) à Rooseveltown (New York).

209

HEMMINGFORD (QUÉBEC)
GABOR SZILASI

Hemmingford est une ville de 2 500 habitants située à environ 10 milles (16 km) à l'ouest du lac Champlain et à 5 milles (8 km) au nord de la ligne de démarcation de l'état de New York. C'est un poste-frontière, mais le gros du trafic entre l'état de New York et la région de Montréal franchit la frontière à environ 8 milles (13 km) à l'est de Hemmingford, près de Champlain (New York). Dans le nord de l'état de New York, du Vermont et du New Hampshire, de nombreux panneaux de la signalisation routière sont en français aussi bien qu'en anglais.

210/211

NORTH TROY (VERMONT) ET HIGHWATER (QUÉBEC)
PETER CHRISTOPHER

Le monument de béton dans la forêt marque la frontière internationale à l'ouest du lac Memphrémagog.

212

SAINTE-ANNE-DE-MADAWASKA (NOUVEAU-BRUNSWICK)
PIERRE GAUDARD

Sainte-Anne-de-Madawaska est situé sur la rivière Saint-Jean, au sud-est d'Edmundston (Nouveau-Brunswick) et au nord-ouest de Van Buren (Maine).

213

FORT COVINGTON (NEW YORK) ET DUNDEE (QUÉBEC)
MICHEL LAMBETH

Billard international de l'hôtel Dundee Line à Dundee-Fort Covington. Le propriétaire de l'hôtel, M. Paul-Maurice Patenaude, doit verser la taxe scolaire et l'impôt foncier aux deux municipalités et, comme son bar est en territoire québécois, il paie la taxe d'affaires au Québec. Les seuls produits vendus du côté de New York sont les cigarettes américaines du distributeur automatique.

214

STANHOPE (QUÉBEC) ET NORTON (VERMONT)
MICHEL CAMPEAU

M. Ronald van Knowe et ses fils, Ronald et Ricky. On estime qu'en 1974, 68 836 000 personnes de toutes nationalités ont passé la frontière canadienne en provenance des Etats-Unis, en touristes ou pour affaires, y compris les équipages d'avions et de bateaux, les conducteurs de camion et d'autobus et le personnel des trains, et que 30 261 000 Canadiens ont regagné leur pays après avoir séjourné aux Etats-Unis.

215

LAC-FRONTIÈRE (QUÉBEC)
PIERRE GAUDARD

M. Camille Beaulieu. M. Beaulieu est responsable du poste de surveillance du gibier établi à la frontière entre le Québec et le Maine par le Gouvernement américain. Il fait également office de maître de poste pour les camps de bûcherons et, deux fois par semaine, il roule plusieurs heures en camion pour porter le courrier jusqu'à la première route qui mène aux Etats-Unis. A Lac-Frontière, il y a un contraste frappant entre les paysages canadiens et américains. Du côté du Québec, s'étend le moutonnement de collines qui ont été déboisées pour les cultures. A partir de la frontière du Maine, le terrain devient accidenté et se couvre d'une épaisse forêt de bois blanc.

216

MONADNOCK MOUNTAIN (VERMONT)
MICHEL CAMPEAU

M. Brian Strobel de Modesto (Californie) et Mlle Diana Dustin de Colebrook (New Hampshire). Monadnock Mountain (Vermont) est situé à 7 milles (11,3 km) de la frontière canadienne et à 3 milles (4,8 km) de l'état du New Hampshire.

217

ROCK ISLAND (QUÉBEC) ET DERBY LINE (VERMONT)
PETER CHRISTOPHER

Récital de danse au Haskell Opera House. La majorité des spectateurs sont assis en territoire américain bien que le spectacle se déroule en terre canadienne. L'édifice, construit entre 1901 et 1904, est une réplique à échelle réduite de l'ancien Opera House de Boston. Cette salle occupe les étages supérieurs de l'édifice qui abrite la Bibliothèque de Haskell et l'Opéra. Cet ensemble a été offert par la famille Haskell à Rock Island et à Derby Line en mémoire de Carlos F. Haskell, dans l'espoir qu'il pourrait devenir un centre à vocation vraiment internationale. La bibliothèque possède 18 000 volumes et dessert le public du Vermont et du Québec. L'entrée principale de la bibliothèque et la salle de lecture des adultes sont situées en territoire américain, tandis que la salle de lecture des enfants et les étagères se trouvent au Canada.

218/219

BAKER BROOK (NOUVEAU-BRUNSWICK)
PIERRE GAUDARD

En hiver, lorsque la rivière Saint-Jean (à l'arrière-plan) est gelée, les habitants peuvent franchir la frontière en patins pour se rendre dans le Maine. Cette pratique est tolérée, mais non encouragée, par les autorités frontalières.

220

ABERCORN (QUÉBEC) ET RICHFORD (VERMONT)
CHARLES OBERDORF

Une partie de la ferme de M. Lyle Hurtubise est située au Québec et l'autre dans le Vermont. Les fermiers, dont les terres se trouvent à cheval sur la frontière, ont à faire face au problème des droits d'entrée quand ils font passer le cheptel et les produits agricoles d'un pays à l'autre. A une certaine époque, le foin canadien était soumis aux droits de douane par les Etats-Unis, ce qui obligeait M. Hurtubise à utiliser seulement au Canada le foin qu'il y avait fait pousser. Le règlement douanier a depuis été remanié. M. Hurtubise peut donc maintenant servir du foin canadien à ses bêtes des Etats-Unis.

221

BAKER BROOK (NOUVEAU-BRUNSWICK)
PIERRE GAUDARD

Les pères franciscains Augustin Laneville et Joseph Moisan. L'église est celle du Saint-Coeur-de-Marie. Baker Brook est un village situé sur la rivière Saint-Jean dans le nord-ouest du Nouveau-Brunswick. Il a été fondé par les Acadiens expulsés de la Nouvelle-Ecosse en 1755. On retrouve aujourd'hui près d'un million de Nord-Américains de descendance acadienne; bon nombre d'entre eux sont établis dans les provinces Maritimes au Canada et dans l'état de la Louisiane aux Etats-Unis.

222

NORTON (VERMONT) ET STANHOPE (QUÉBEC)
PETER CHRISTOPHER

Monument à l'amitié sur la frontière. Norton se trouve dans le nord-est du Vermont. Maurice Duplessis fut premier ministre de la province de Québec de 1936 à 1939 et de 1944 à 1959. George Aiken fut le gouverneur de l'état du Vermont de 1937 à 1941. Les relations entre la province de Québec et l'état du Vermont ont toujours été, dans l'ensemble, cordiales et même chaleureuses. Le Vermont n'a pas participé à la déclaration d'indépendance des colonies nord-américaines le 4 juillet 1776, mais plutôt, se proclamait en mars 1777 "un état libre et indépendant". Le 29 mars 1785, Ira Allen, un des artisans de l'indépendance du Vermont, a présenté une série de propositions devant une assemblée spéciale du Conseil de Québec au nom des hommes libres de la "république indépendante du Vermont". Il a entre autres proposé "qu'un traité de commerce mette les citoyens du Vermont presque sur un pied d'égalité avec les sujets britanniques vivant dans la province de Québec..." Six ans plus tard, le Vermont renonçait à son indépendance et devenait, le 12 février 1791, le 14e état des Etats-Unis.

223

NORTON (VERMONT)
MICHEL CAMPEAU

M. Lester R. Chase. Norton se trouve dans le comté d'Essex, au nord-est du Vermont où la population est très clairsemée. Il n'y a que 5 800 habitants dans tout le comté et 207 à Norton.

224

AUX ENVIRONS D'ESTCOURT (QUÉBEC)
ET D'ESTCOURT STATION (MAINE)
RICHARD VROOM

Estcourt Station est le point le plus septentrional de l'état du Maine. Aucune grand-route ne franchit la frontière Québec-Maine, entre Estcourt et la route Armstrong-Jackman à 150 milles (241 km) au sud-ouest, ni entre Estcourt et la route qui relie Clair à Fort Kent, à 45 milles (72 km) au sud-est.

225

BEEBE (QUÉBEC) ET BEEBE PLAIN (VERMONT)
ROGER CHARBONNEAU

M. Peter Beasse. L'édifice de la Société "Border Machine Tool and Supply" se dresse à une faible distance au nord de la rue principale nommée clairement et simplement Canusa. Les maisons du côté nord de cette rue se trouvent à Beebe au Québec, celles du côté sud, à Beebe Plain au Vermont. Les résidents de Beebe et de Beebe Plain doivent passer par la douane lorsqu'ils traversent la rue. Le poste de douane américain de Beebe Plain, situé sur la rue Canusa, est exactement en face du poste de douane canadien de Beebe.

Quand le vent souffle du nord au sud, le drapeau hissé au mat du poste des douanes canadiennes flotte dans le territoire américain.

226/227

LAC-FRONTIÈRE (QUÉBEC ET MAINE)
PIERRE GAUDARD

Le corridor de 20 pieds (6,1 m) dégagé dans la forêt par la Commission frontalière internationale. Lac-Frontière est à environ 50 milles (80 km) à l'est de la ville de Québec.

228

PITTSBURG (NEW HAMPSHIRE)
PETER CHRISTOPHER

Mme Nina W. Tabor, M. Holman J. Amey, Mme Alice Robie et M. Burnham Judd (de gauche à droite). Au début du XIXe siècle, la frontière entre le New Hampshire et le Québec n'avait pas encore été clairement déterminée. Les résidents de l'extrême-nord du New Hampshire en étaient très mécontents, car ils ne pouvaient vraiment se dire citoyens ni d'un pays ni de l'autre. En 1832, 58 familles proclamèrent leur indépendance à l'égard des deux gouvernements et fondèrent la république d'Indian Stream. Un corps législatif, formé de tous ceux qui avaient droit de vote, décréta et mit en application un code de lois régissant la plupart des questions juridiques les plus élémentaires. En 1836, une compagnie de la milice du New Hampshire intervint pour faire respecter l'autorité de l'état sur la région. Les quatre personnes qui figurent sur la photo sont des descendants directs des républicains demeurés là après qu'Indian Stream fut devenu Pittsburg (New Hampshire).

229

FORT KENT (MAINE)
PIERRE GAUDARD

A quelques milles en amont de Fort Kent, la frontière suit le milieu de la rivière Saint-Jean. Le cimetière et les collines dans le lointain se trouvent dans le Maine; le terrain à droite, où s'élève l'église, est au Nouveau-Brunswick. Toute cette région de part et d'autre de la frontière s'appelle "La Madawaska". Nombre de ses habitants sont des descendants des premiers colons acadiens. Des deux côtés de la frontière, on parle un français qui a très peu évolué depuis la fin du XVIIIe siècle.

230

DERBY LINE (VERMONT) ET ROCK ISLAND (QUÉBEC)
CLARA GUTSCHE

Mlle Arlette Bolduc. Mlle Bolduc a étudié le ballet et a dansé sur la scène d'Haskell Opera House, à Rock Island-Derby Line. La maison de ses parents est à cheval sur la frontière internationale. La cuisine est au Canada, le salon aux Etats-Unis et la frontière traverse sa chambre à coucher. Bien qu'il ne soit pas prévu d'inspections régulières dans les maisons dans lesquelles une pièce est coupée par la ligne de démarcation, on ne doit pas déplacer les meubles ou les accessoires d'un point de la pièce à un autre, ce qui les ferait sortir du pays où ils ont été achetés, à moins de payer des droits de douane.

231

PRÈS DE MONTMAGNY (QUÉBEC)
MIA ET KLAUS

Migration d'oies blanches au-dessus du Saint-Laurent, en direction des Etats-Unis. Tous les ans, au printemps et à l'automne, plus de 50 000 oies blanches font une escale de 6 à 8 semaines au Cap-Tourmente (Québec) sur la rive du Saint-Laurent, en face de Montmagny, à environ 30 milles (48 km) au nord-est de la ville de Québec.

232

SAINTE-ANNE-DE-MADAWASKA (NOUVEAU-BRUNSWICK)
PIERRE GAUDARD

M. et Mme René Deschênes chez eux. Une histoire de la région, publiée dans le Maine en 1922, décrit ainsi les habitants de la Madawaska: "Tous ceux qui ont séjourné ou voyagé dans la région ont été frappés par la courtoisie, l'amabilité et l'hospitalité des habitants à l'égard des étrangers et nulle part ailleurs dans notre pays, le voyageur n'est accueilli avec plus de bienveillance et de cordialité que dans la Madawaska".

233

COBURN GORE (MAINE)
PIERRE GAUDARD

M. et Mme William Covey. Dans une autre partie de leur maison, les Covey tiennent une épicerie où les douaniers et les quelques familles avoisinantes viennent s'approvisionner. Coburn Gore se trouve dans l'ouest de l'état du Maine, non loin de la frontière du New Hampshire.

234/235

AUX ENVIRONS DE CHARTIERVILLE (QUÉBEC)
ET PITTSBURG (NEW HAMPSHIRE)
PETER CHRISTOPHER

Une prise de vue aérienne du corridor de la frontière: 10 pieds (3,05 m) du côté canadien et 10 pieds du côté américain de part et d'autre du plan vertical, séparation tout en hauteur et en longueur, mais sans largeur, qui constitue officiellement la frontière. Le Traité de Paris de 1783 (aussi appelé Traité de Versailles) stipule que, dans cette partie du continent, les frontières doivent suivre les hauteurs qui séparent les affluents du Saint-Laurent des rivières qui se jettent dans l'Atlantique. Lorsque l'on a commencé à délimiter la frontière, on a établi, des deux côtés, le relevé d'une ligne qui suivait la ligne de crête des nombreuses collines de la région. Les géomètres déterminaient l'élévation exacte du terrain en mesurant la distance entre les crêtes et la ligne dont ils établissaient le tracé. Lorsqu'ils avaient déterminé l'emplacement d'un nouveau point sur la ligne de crête, le géomètre marchait du point précédent jusqu'au nouveau et, en cours de route, plantait des repères indiquant l'élévation. Il était guidé vers sa destination par les coups de trompe donnés à intervalles réguliers par la personne postée au point suivant. Sur une section de 175 milles (280 km) de la frontière commune au Maine, au New Hampshire et au Québec, la ligne droite la plus longue est d'environ 1 800 pieds (549 m), la ligne droite la plus courte de 23 pouces (58,4 cm) et la longueur moyenne est d'environ 180 pieds (54,9 m).

236

RICHFORD (VERMONT)
MICHEL CAMPEAU

M. Joseph Drouin. M. Drouin habite Sutton (Québec), à 7 milles (11,3 km) au nord de la frontière entre le Québec et le Vermont. Maintenant à la retraite, il a travaillé 45 ans pour le Canadien Pacifique à Sutton et à Richford. La voie du Canadien Pacifique qui passe par Richford franchit trois fois la frontière en moins de 30 milles (48 km) à cause du caractère accidenté de la région.

237

WAYS MILLS (QUÉBEC)
MICHEL CAMPEAU

M. Howard Buckland. Ways Mills est un village situé à 15 milles (24 km) au nord de la frontière du Vermont, pas très loin de Stanstead. Cette agglomération possède une usine de filature et de tissage; plusieurs sculpteurs, potiers et autres artistes ont leurs ateliers dans les alentours.

238/239

AUX ENVIRONS DE MADAWASKA (MAINE)
PIERRE GAUDARD

M. Eudare Nadeau et son cheval. Madawaska est situé à l'extrémité nord de l'état du Maine, non loin de la ville d'Edmundston (Nouveau-Brunswick). La frontière actuelle entre le Maine et le Nouveau-Brunswick fut établie à la suite des négociations que menèrent en 1842 Daniel Webster et le baron Ashburton.

240

DANFORTH (MAINE)
RANDAL LEVENSON

M. Blaine Pratt et M. Sherill Colford (à droite). M. Colford est aussi le conducteur de l'autobus scolaire de la ville. Danforth se trouve sur la route 1 aux Etats-Unis, à environ 5 milles (8 km) à l'est de Grand Lake et à 10 milles (16 km) au sud de Peekaboo Mountain. La frontière canado-américaine passe au milieu de Grand Lake.

241

LAC-FRONTIÈRE (QUÉBEC)
PIERRE GAUDARD

M. et Mme André Pelchat. M. Pelchat a été maître de poste à Lac-Frontière jusqu'en 1973. A sa retraite, sa femme l'a remplacé. Montmagny, la ville la plus rapprochée de Lac-Frontière, est situé à 30 milles (48 km) au nord-ouest, sur le fleuve Saint-Laurent.

242

SAINTE-ANNE-DE-MADAWASKA (NOUVEAU-BRUNSWICK)
PIERRE GAUDARD

Les Moustiques de Madawaska ou les Madawaska Mosquitoes. "Madawaska" vient de deux mots micmacs qui signifient "le pays du porc-épic".

243

STANSTEAD (QUÉBEC)
PETER CHRISTOPHER

La Loge maçonnique de Stanstead est la seule au monde qui soit internationale. Le Grand maître de Londres (Angleterre) lui a accordé ce statut parce qu'elle compte un grand nombre d'adhérents américains. Stanstead est adjacente à la ville de Rock Island, qui elle-même voisine avec la municipalité de Derby Line (Vermont).

244

LA RIVIÈRE SAINT-JEAN AUX ENVIRONS DE BAKER BROOK
(NOUVEAU-BRUNSWICK)
PIERRE GAUDARD

Un pont international qui enjambe la rivière Saint-Jean à 4 milles (6,4 km) en amont de Baker Brook relie Clair (Nouveau-Brunswick) à Fort Kent (Maine). La route américaine 1 part du pont et file vers le sud, sur une distance de 2 361 milles (3 800 km), jusqu'à Key West (Floride).

245

NORTH TROY (VERMONT) ET HIGHWATER (QUÉBEC)
PETER CHRISTOPHER

Une partie de la frontière, là où elle suit le 45e parallèle. En 1783, le Traité de Paris fixe la frontière canado-américaine de la côte de l'océan Atlantique jusqu'à la source du fleuve Mississippi. Suivant le traité, le tributaire nord-ouest de la rivière Connecticut et le 45e parallèle constituent la frontière au sud du fleuve Saint-Laurent.

246/247

ESTCOURT (QUÉBEC) ET ESTCOURT STATION (MAINE)
RANDAL LEVENSON

M. Georges et Mme Cécile Béchard. Le domicile de M. et Mme Béchard se trouve sur la frontière entre le Québec et le Maine. La Commission frontalière internationale interdit à l'heure actuelle toute construction de bâtiment ou autre sur la frontière, mais cela ne concerne pas les bâtiments déjà existants, à moins que des douaniers n'y saisissent des articles de contrebande et que l'auteur du délit ne fasse l'objet d'une condamnation; dans ce cas, le bâtiment est saisi en vertu de la Loi sur les douanes. Les alentours immédiats d'Estcourt comptent 5 familles dont la demeure est entièrement dans le Maine et qui, avec celle des Béchard, constituent la localité d'Estcourt Station. L'unique route qui la relie au reste de l'état est un chemin forestier qui se dirige vers Fort Kent au sud-est. L'eau, l'électricité et le téléphone viennent du Québec. Estcourt Station dispose d'aucun commerce, mais on y trouve par contre un bureau de poste et un bureau de douane américains qui possèdent tous deux des numéros de téléphone du Québec. Le mazout est acheminé depuis Fort Kent. La famille Béchard et les 5 autres familles sont citoyens américains.

248

DERBY LINE (VERMONT)
CLARA GUTSCHE

M. John Lamoureux et M. David Shannon. Les localités de Derby Line (Vermont), Rock Island (Québec) et Stanstead (Québec) constituent une seule et même agglomération. Les deux dernières se trouvent dans une région du Québec bien connue sous le nom de Cantons de l'Est ou de l'Estrie. L'Ordre impérial des filles de l'Empire de Rock Island compte plusieurs citoyennes américaines.

249 (À GAUCHE)

DUNDEE (QUÉBEC) ET FORT COVINGTON (NEW YORK)
MICHEL LAMBETH

La région de Dundee-Fort Covington attire de nombreux visiteurs depuis plus de 150 ans. Dundee est une petite ville québécoise sur la Rivière-au-Saumon, à 5 milles environ (8 km) du Saint-Laurent. Juste au sud se trouve Fort Covington, autre petite ville située dans l'état de New York. L'hôtel Dundee Line fut construit en 1820, 22 ans avant que la frontière ne le coupe en deux.

249 (À DROITE)

AUX ENVIRONS DE MASSENA (NEW YORK)
GABOR SZILASI

Le distributeur du magasin de nouveautés de l'écluse Eisenhower sur la voie maritime du Saint-Laurent.

250/251

PIGEON HILL (QUÉBEC)
PETER CHRISTOPHER

Pigeon Hill est l'un des villages-frontière que les Fenians ont brièvement occupés en 1866. Les Fenians, société révolutionnaire du XIXe siècle qui oeuvrait dans la clandestinité pour l'instauration d'une république en Irlande, espérait utiliser le Canada comme base de ses opérations contre l'Angleterre. Le "général" John O'Neil, l'un des chefs des Fenians, revint avec une petite troupe dans la région de Pigeon Hill en 1870, mais il fut promptement défait tout près de là, à Eccles Hill.

252

ST. ANDREWS (NOUVEAU-BRUNSWICK)
RICHARD VROOM

Rendez-vous des estivants et situé à 3 milles (4,8 km) des Etats-Unis, sur la baie Passamaquoddy, St. Andrews est une ville d'environ 2 500 habitants. Elle fut fondée par des Loyalistes, nom donné aux personnes qui, durant la révolution américaine et la période qui l'a immédiatement suivie, préférèrent demeurer fidèles à la Couronne britannique et émigrèrent en grand nombre au Canada. On distingue les Loyalistes unis de l'Empire qui vinrent dans le nord avant 1783 de ceux qui les suivirent, attirés sans doute par les terres que le lieutenant-gouverneur Simcoe leur offrait gratuitement dans le Haut-Canada vers la fin du XVIIIe siècle, et qu'on a appelés les Derniers Loyalistes. On a évalué à 50 000 environ le nombre total des Loyalistes unis de l'Empire venus s'établir au Canada, dont 35 000 en Nouvelle-Ecosse et au Nouveau-Brunswick. Des gens de Castine (Maine), sur la baie Penobscot, démontèrent leur maison qu'ils chargèrent sur des bateaux et, après avoir longé la côte en direction du nord, vinrent s'établir à St. Andrews.

253

CALAIS (MAINE) ET ST. STEPHEN (NOUVEAU-BRUNSWICK)
PETER CHRISTOPHER

Calais (Maine) a des pompiers professionnels; St. Stephen (Nouveau-Brunswick) a des pompiers bénévoles. Lorsque sonne l'alarme, les deux services peuvent répondre à l'appel. Une collaboration amicale règne depuis longtemps entre ces deux coins de pays. Au début de la guerre de 1812, un ministre méthodiste qui desservait les deux côtés de la rivière Sainte-Croix, Duncan McColl, réussit à convaincre les deux communautés de faire une paix séparée. Par la suite, il fit face, en personne, aux soldats britanniques et américains et les envoya livrer combat ailleurs.

254

ÎLE DE CAMPOBELLO (NOUVEAU-BRUNSWICK)
TED GRANT

L'île de Campobello se trouve dans la baie Passamaquoddy, au sud-ouest du Nouveau-Brunswick, à la frontière canado-américaine. Le nom de *Campobello,* qui signifie en italien "beau champ cultivé" lui fut donné par le capitaine William Owen en hommage à son protecteur et bienfaiteur, Lord William Campbell, Gouverneur de la Nouvelle-Ecosse de

1766 à 1773. Les descendants de William Owen ont été les véritables seigneurs et maîtres de Campobello, de 1767 à 1881.

255

PARC INTERNATIONAL ROOSEVELT À CAMPOBELLO
TED GRANT

La résidence secondaire de Franklin D. Roosevelt, 31e président des Etats-Unis, se trouve toujours sur l'île Campobello et est ouverte au public de mai à octobre. L'exploitation du parc international Roosevelt, qui couvre une superficie de 2 600 arpents (1 050 ha), est confiée à une commission composée en nombre égal de Canadiens et d'Américains. Le banc que Roosevelt occupait autrefois à l'église Sainte-Anne de Welshpool, à Campobello, porte une plaque en bronze qui dit simplement qu'il avait été marguillier honoraire de l'église. Le pont Franklin D. Roosevelt relie l'île de Campobello au Maine.

256

CAMPOBELLO (NOUVEAU-BRUNSWICK)
RANDAL LEVENSON

M. Lloyd "Granny" Cook. M. Cook faisait le trafic du rhum pendant la prohibition avec la goélette sur la photographie. Même si certains pêcheurs de Campobello ont pu pratiquer la contrebande du rhum, l'île, dans son ensemble, est fidèle à une longue tradition de tempérance.

257

JONESPORT (MAINE)
PETER CHRISTOPHER

Le poste des garde-côtes des Etats-Unis à Jonesport. C'est le poste de sauvetage le plus à l'est des Etats-Unis. Il tire son nom d'un certain John C. Jones. En 1789, l'état du Massachusetts avait gratifié Jones d'un domaine de 75 milles carrés (194 km²), situé dans l'est du Maine, en dédommagement de la perte d'un sloop pendant la révolution américaine.

258/259

MILLTOWN (MAINE) ET MILLTOWN (NOUVEAU-BRUNSWICK)
PETER CHRISTOPHER

Un pont international traverse la rivière Sainte-Croix juste en amont de Calais (Maine) et de St. Stephen (Nouveau-Brunswick).

260

JONESPORT (MAINE)
PETER CHRISTOPHER

Jonesport se trouve non loin de l'entrée de la baie de Fundy et essuie les contrecoups de ses formidables marées qui, à certains points des côtes du Nouveau-Brunswick et de la Nouvelle-Ecosse, atteignent une amplitude de 60 pieds (18,3 m) avec une vélocité et une force remarquables.

261

CAMPOBELLO (NOUVEAU-BRUNSWICK)
RANDAL LEVENSON

M. Judson Lank (à gauche) et M. Frank Lank. M. Judson Lank est toujours pêcheur; son père M. Frank Lank est maintenant retraité. Au large de Campobello, on pêche l'aiglefin, la morue, le colin, le hareng et le homard.

262/263

LA PASSE DE LUBEC ET LA BAIE PASSAMAQUODDY
(NOUVEAU-BRUNSWICK ET MAINE)
PETER CHRISTOPHER

Une brume matinale se lève sur les eaux de la passe de Lubec qui sépare la province du Nouveau-Brunswick et l'état du Maine – le Canada des Etats-Unis. Au large de Quoddy Head et de l'île Campobello, la passe devient le chenal Grand-Manan. La frontière canado-américaine le traverse dans sa longueur en prenant une direction sud-sud-ouest et laisse sur sa gauche, l'île Grand-Manan au Canada et, sur sa droite, la côte du Maine. La frontière se termine à l'ouest de Grand-Manan. Le chenal s'ouvre sur la baie de Fundy qui, un peu plus au sud, s'ouvre sur l'océan Atlantique.

CHARLES HAINES/CHARLES OBERDORF

Printing/Impression
ASHTON-POTTER LIMITED

Colour Separations/Séparation des couleurs
HERZIG SOMERVILLE LIMITED
GRAPHIC LITHO-PLATE LIMITED

Typography/Typographie
COOPER & BEATTY LIMITED

Cover cloth/Couverture
COLUMBIA FINISHING MILLS LIMITED

Paper/Papier
ROLLAND PAPER COMPANY LIMITED

Ink/Encre
CANADIAN FINE COLOR COMPANY LIMITED

Binding/Reliure
THE HUNTER ROSE COMPANY

Printed in Canada/Imprimé au Canada

Library of Congress Catalogue Card Number 75-23161

ISBN 0-7710-6718-6